GIFTED　　小野伸二

はじめに

止まるのが嫌いだ。

他の人が止まっているのを見ると、つい思ってしまう。

「なんで、止まっているんだろ？」


大原に、デ・カイプに、ルーアシュターディオンに、三保《みほ》に、ブラックタウンに、宮の沢に、東風平《こちんだ》に向かうまで。視界の中の「青」と「赤」を1つ先、2つ先、見通しが良ければ3つ先まで頭に入れる。

「青」であれば、そのまま進む。でも、その先が「赤」になりそうだったら、手前で別の道を探す。なるべく止まりたくない。

初めて走る道では、ナビに目を向け、

「左折できる、その先に右折がある……」

進むべき方向に違いがなければ止まる必要はない。僕はハンドルを切り、目的地へ向かう。

運転が好きで、昔はトラックの運転手に憧れた。これは父や兄の影響も大きかった。

ドイツには、アウトバーンという速度無制限の高速道路がある。どの車もすごい速度で走っていく。走りやすいなぁ、と思っていた。あるとき、100キロくらいのスピードじゃ、眠くなるな、と感じたことがある。

それを人に伝えたら、驚かれた。

だからなのか、妻や子どもはいつからか僕の運転で車に乗ることを嫌がった。今では、家族と一緒のときは、なるべくゆっくり走るようにしている。

でも、〝止まるのが嫌〟だから、先の信号を読んで、どんどん進む。目の前の信号だけじゃない、その先と、通れる道を常に探すのはずっと変わらない。

止まるのが嫌――。

運転が好き。

少しでも早く目的地に向かう。

たいてい、行く先にはサッカーボールがあった。チームメイトもいた。

練習場に行くのは、楽しい。

サッカーができる。

そう思うことができれば、こんなに幸せな人生はない、と思えた。

でも、そろそろ「止まる」ときが来たのかもしれない。


2023年8月3日。

僕は、所属する北海道コンサドーレ札幌のGMである三上《みかみ》（大勝《ひろかつ》）さんにプロサッカー選手を辞めることを伝えた。

ここ数年、僕の頭のどこかに「引退」の2文字があった。

サッカーができる幸せがある。

それはつまり、サッカーができない苦しみが存在することを意味した。

「カラダが動くうちは辞めない」

そう言いながら痛みと向き合ってきた。

サッカーを始めてから、何度もケガをしてきたけれど、それを理由に辞めようと思ったことはない。理由は簡単で、サッカーが好きだったからだ。

でも、ここ数年の痛みはちょっと別格だった。もしかすると年齢のこともあったのかもしれない。

年明けに左足首の手術をした。

それでも痛みが消えなかった。痛み止めを飲みながらできる範囲で練習をして、試合に出るための準備をしていた。

サッカーは楽しい。だけれど、全力でできないのはつらい。

その現実に、毎日ぶち当たった。

もどかしかった。

——強度の高いトレーニング、強度の高い試合でプレーできるのか。

……できないだろうな。

——このままやり続けたら、どうなる？

……将来、夢を持った子どもたちにボールを蹴っているところを見せたい。

それもできなくなってしまうな。

――辞めて、どうする？

……わかんない。そもそも辞めるって、なんだ？

自問自答を繰り返し、２０２３年3月（だったと思う）に引退を決めた。

家族と信頼できる人など、限られた人にしか伝えなかった。


引退を決めてからも、生活は変わらないし、いつも通りの日々を送った。

クラブハウスがある宮の沢に向かい、準備をして、誰より早くピッチに出る。アップもダッシュも一番前。一番早くボールに触りたかったし、誰かの後ろについて動くのは好きじゃない。

44歳、現役生活25年。

常に笑顔を心がけた。

退く決断をしても同じだ。

だって、サッカーって楽しいでしょう？

つらい姿を見せられても、誰も嬉しくないでしょう?

だから、そこは本当に変わらなかったと思う。

〝プロ〟サッカー選手でなくなる。

それがどういうことなのか、あんまり現実味がない。

長い間、僕をサポートしてくれ、公私をともにした代理人のアッキー(秋山祐輔)はちょっと笑いながら、でも真面目に言った。

「ここ数年、苦しんでいるのも知っていたし、ずっといろんな話をしてきたから、今でも本当に辞めるのかな? って思っている自分がいるよ」

妻・千恵子のリアクションは面白かった。

「次、どうするの?」

2008年にドイツ・ボーフムに移籍してからずっと単身赴任生活だった。別々に暮らすなかで、苦労をかけた。やりたいことを我慢してでも、母親業に徹してくれた。彼女がいたから素晴らしい家族ができた。

そんな彼女の言葉は、誰よりも切り替えが早かった。昨年末に「そろそろ辞めるときかもしれない」と言っていたからなのかもしれないけれど……。

純粋に、すごいな、と思った。

限られた人たちではあったけれど、リアクションは三者三様だった。

辞めるってどういうことなのか——それはわからなかったけれど、ひとつ思いついたことがある。

それは「もっと多くの人を笑顔にしたいし、サッカーを楽しんでほしい」という僕が抱き続けた思いを形にしていきたい、ということだ。

そのひとつが、この本だった。

僕自身がどうやって生まれて、何を感じてきたのか。それを伝えることで、読んだ人に勇気を与えられるのなら。笑顔にできて、サッカーがいいものだ、と思ってくれるのなら。特別なことをしてきたわけではないけれど、特殊な環境を経験したことだけは確かだ。

脚光を浴びたこともある。

その分だけ、苦しいことはあった。

たぶん読んでいるみんなが〝当たり前〟だと思っていることが、〝当たり前じゃない〟経験もしてきた。

月並みな言い方だけれど、僕のサッカー人生にも光と影があったのだ。

決して、見せようと思わなかった影の部分も含めて、僕みたいな人間でもプロサッカー選手になれて、人を笑顔にさせることができることを、本を通じて伝えるのは悪くない方法だと思った。

小野伸二

目次

つくづく人との出会いに恵まれたサッカー人生だったと思う。そこから生まれた感謝の思いと、みんなが人生を楽しんでほしいという願い。この3つが僕を形作っている。

年齢が上がるにつれて「天才」と言われることがよくあった。

サッカーに関して、他の選手と違うところが見えていたり、できるプレーが多いと思うことはある。誤解を恐れずにいえば、「点はいつでも取れる」と思っている。でも、だからといって「自分が優れている」という感覚は微《み》塵《じん》もない。

僕は「天才」で、「天賦の才能《ギフテッド》」があったのだろうか?

確かなのは、とにかく人に生かされて、支えられてきた半生だったということ。その恵みを受けてここまでこれた、ということだ。

1987年／8歳

もうひとりの小野さん

小学校から戻ると、ダッシュで家を飛び出した。ボールを持って、スパイクを履き、グラウンドを目指す。水曜日と土曜日は練習、日曜日は試合。

チームでサッカーをやるってなんて楽しいんだ。ワクワクが収まらない。

サッカーはひとりでやるものだと思っていた。ひとりでも十分楽しかった。

それなのに……みんなでやるサッカーは、もうその何倍も楽しい。

マラドーナという選手がすごい。なぜかわからないけれど、観《み》ているだけで心が浮き上がるような感覚になる。マラドーナがボールを触ると何かが起きる。チャンスが生まれ、ゴールが生まれ、観ている人たちが盛り上がる。

「すげえ、すげえ」

よし、俺も世界一の選手になるんだ。

❖

冗談でもなんでもない。

小学生低学年の頃の僕は、サッカーはみんなでやるものだ、ということを知らなかった。なぜ好きになったのか、その記憶はあいまいで気づいたらサッカーボールを蹴っていた。きっと、保育園の頃からだったと思う。

父、母、兄……僕より年上の家族のなかで、サッカーをやっていた人はいない。

加えて、当時はまだJリーグが存在せず、海外のサッカーを観られるのは『三菱ダイヤモンドサッカー』というテレビ番組くらい。それもそんなに観ていた記憶はない。マラドーナをどこで知ったのか……それもわからない。

もしかすると、1986年のメキシコワールドカップをテレビで観た影響だったのかもしれない。

そんな状況にもかかわらず僕は、住んでいた団地の至るところでボールを蹴っていた。

階段の1段目、2段目、3段目と順番にボールを当てていく。狭い倉庫と倉庫の間で、倉庫の壁に当たらないようにボールを蹴る。エントランスが小さな屋根になっていて、その上にボールを蹴り上げ、落ちてきたところをトラップする……ときには、友人や弟と1対1をする。

小野少年にできることは無限にあった。それが楽しくて仕方がなかった。

そんな僕に大きな出会いがあった。小学2年生のときだ。

住んでいた今沢団地から真っすぐ道を進み、大きな通りを右折する。家から走って15分ほどのところに今沢小学校はあった。

ある日、その道の途中で友人に出くわした。

いわく、「今からサッカーの練習をしに行く」と。

「俺も行く」

そう言って僕は、何の気なしに友人についていった。「ひとりでやるサッカー」を練習しに行く、という意味もわかっていなかった。

到着したのは、毎日通っている今沢小学校だ。

友人は、たくさんの同級生とボールを蹴り始めた。今考えれば、なんてことはない、普通のサッカーチームの練習が始まっただけだ。

でも、僕にとって、目の前で繰り広げられている光景が新鮮だった。

友人がプレーする姿をリフティングしながら眺めていると、コーチのひとりが声を掛けてくれた。

「一緒に、やってみる?」

僕にとってのサッカーチームデビューだった。衝撃だったのは、みんなとやるサッカーはひとりでやるサッカーより何倍も楽しかったこと。練習が終わると、帰り際に肩幅の広い、コーチのひとりと思《おぼ》しきおじさんが僕に紙を差し出した。

「良かったら、入ってみる?」

入団申込書だった。あのときの気持ちはよく覚えている。

絶対入りたい!　まず申込書を出そう――。

2年生の終わり頃だったと思う。入団式みたいなものがあって、僕はそこに入団申込書を持っていった。自分で住所と名前を記入し、「入団」に○をした紙。

受け取ったコーチが怪訝《けげん》そうな顔をした。

実は、入団申込書をもらったとき、「入りたい！」と思ったと同時にある文言にひっかかりを覚えた。

「月謝」。2000円だったはずだ。お金を払わなきゃいけないのか……。

直感的に、親に相談したら「ダメ！」と言われる、と思った。

でも、やりたい思いは抑え切れない。

「入ってしまえば、やらせてくれるだろう」

だから、家族に相談することなく、自筆で申込書を書いて持っていった。


あのとき、小野家にはお金がなかった。

10人きょうだいの5男。それが僕だ。

貧乏だった、と形容されることもあるけれど、お金がなかったのは家族が多すぎたことが原因だったと思う。実際、食べるものに困ったとか、常にお腹がすいていた、みたいな記憶はない。贅沢をした記憶もないけれど、ご飯はしっかり食べていたし、ときどき1・5Lのコーラが冷蔵庫に入っていることもあった。

ただ、お金に関しては嫌な思いを何度もした。

たしか3430円の給食費、そして2000円の学年費。

学校で毎月渡される集金袋にお金を入れて持っていけない。集めにくる保護者さんのところへ、同級生たちが次々と手渡しに行くところに、「また今度、持っていきます」と言いに行く。

夏祭りがあると友だちはお小遣いをもらって遊びに行った。そんなお金、もらえるわけがないから僕は行けない。諦めるしかなかった。

でも、サッカー少年団に入ることだけは諦められなかった。だから反射的に、「入ってしまえばいい」と、そのまま独断で入団式へと向かった。

小学2年生の子どもが書いた入団申込書を受け取ったコーチは小野政喜さ

んといった。同じ苗字は偶然だ。

小野さんはその申込書に何かひっかかるものを感じたのだと思う。練習後にわざわざ僕の家までやってきて、「何とかこの子にサッカーをさせてやってください」と母親に頼み込んでくれた。

しかも、ただお願いをするだけではない。月謝を含めて、少年団にかかる費用のほとんどを小野さんが払う、とまで言ってくれた。

小学6年生のとき、トレセンで静岡県選抜のメンバーに入った僕の韓国遠征の費用を捻出してくれたのも小野さんだ。

僕だけの特別待遇だった。

中学校に進学してからも、高校で沼津を離れて清水商業に行ってからも、プロになってからも、何かと気にかけてくれた恩人だ。

大人になって、引退という節目を迎え、その感謝の思いは一層、強いものになっている。

小野さんは数年前に他界された。

――なぜ、あのときあそこまで僕にしてくれたんですか。

結局、聞けずじまいになってしまった。

ただ、小野さんから学んだことは数え切れない。これからこの本を読み進めてもらえれば、それはより深く理解してもらえると思う。

1989年／10歳

カーテンの向こう側

目が覚めて、窓を目がけて歩き出す。

昨日のテレビの天気予報では「雨のち曇り」と言っていた。

カーテンをグッと握り、思い切り開く。

「晴れた！」

海が近いから晴れた日の空は本当に青い。

試合だ！

家の前でボールを蹴るのは楽しい。最近は、団地の倉庫みたいなところの「間」で壁に当てずに蹴る練習にハマっている。ボールにカーブをかけるとうまくいく。

今沢サッカースポーツ少年団の練習は水曜と土曜。そっちも楽しい。広い校庭で、ゴールに向かって蹴られるのは最高だ。

でも、試合が一番、最高だ。

——今日は、何試合できるかな！

——20点くらい取れるといいな‼

❖

小学校の頃一番ドキドキしたのは、日曜の朝、カーテンを開く瞬間だ。

月火水木金土と毎日サッカーをしていた。

月火木金は団地の前で。水と土は小学校で少年団のみんなと。

どちらも楽しくて仕方がなかったけれど、日曜日だけは格別だった。

試合はいつも20点くらいは取っていた気がする。特に、地域で行われる試合で負けた記憶はほとんどない。

でも、自分がすごいと思うことはなかった。

市の大会などに出れば勝てないこともたくさんあった。

「うまいやつがいっぱいいるな……」

「負けられない」

そんな気持ちがあったから、自分の力を過信することもなかった。

今、思うと、小野さんがうまくいい対戦相手を探してくれていたのだと思う。上には上がいるぞ、とピッチを通じて教えてくれていた。

あのときの気持ちを振り返ると、すごく大事なことが詰まっているな、と感じる。

例えば、「サッカーが楽しみで仕方がない」という思いが持つ力。

それは大人になった今も消えることがない。

環境は大きく変わったし、カラダも大きくなった。知らないことを知るようになったし、お小遣いがもらえず町内の祭りにも行けなかったあのときに比べれば、自分で使えるお金は何百倍だ。やろうと思えば、できることは多いだろう。

でも、僕にとってサッカーをすることが、何より一番。できることなら現役でもっとプレーをしたいし、現役を退いてもボールを蹴られるカラダでいたい。サッカーができなくなる、なんて想像もしたくないくらいだ。

だからサッカーを仕事にすることができたことは、これ以上の幸運はなかった（とはいえ、僕自身、サッカーを仕事と思ったことはないのだけれど……）。

プロになって、特に最近なんだけれど、当時の僕と同じような年代の子たちと接することが増えた。例えばそれがサッカー教室だとすると、僕は絶対にこの子たちの目を「キラキラ」させてやろう、と思う。サッカーって楽しい、また明日もサッカーがしたい、そう思ってもらえるように、サッカーがもっと好きになってくれるように、って。


ときどき思うのは、今の子はちょっと教えられすぎじゃないかな、ということ。昔と今ではサッカーのトレンドが大きく変わって、走れる選手、戦える選手が重宝される。戦術理解力も重要だ。いろいろなトレーニングをして、いろんなスクールに通って、さまざまな指導者に教えてもらうことは確かにレベルアップにつながるんだろうな、と思う。

でも、どこかやりすぎ、教えられすぎな気がしている。

あの、ドキドキしながらカーテンを開けるときの気持ちを知らないんじゃないだろうか、って。

月火水木金土日、毎日どこかで誰かに教えてもらうサッカーがあって、自分で楽しみを見つけたり、考えたりする時間がない。実は、自分で見つけ出した「楽しみ」こそが、ずっとサッカーを好きでいられて、もっとうまくなりたいと思える原動力になるはずなのに……それができていないんじゃないか、と思うのだ。

間違いなく言えるのは、サッカーを好きでいることはすごく大きな力になるということ。子どもたちと接すると、その気持ちを育めるようになるといいな、といつも思う。

さらに「人の気持ちを考えられる人間になれる」ということ。

さっき、サッカーを仕事と思ったことはない、と書いたけれど、一方でプロサッカー選手はエンターテイナーではあると思っている。人を喜ばせ、笑顔にさせる人だ。

そうなるには〝人の気持ち〟を考える必要がある。

「人を楽しませる」という感覚だ。

僕が憧れたマラドーナのような、ワクワクさせるような、観ている人が「アッ」と声を出してしまうような予想外のプレー。そういうところにもサッカーの魅力がある。

こんなプレーをしたら喜んでくれるかな、驚くんじゃないかな……そうやって、自分で考えて、想像することは、そんなプレーができるように何度も練習をするモチベーションになる。

それだけじゃない。

書いてきたように、小学生の頃の僕は、試合が楽しみで仕方がなかった。どれだけ点を取れるか、今日は勝てるか、ってずっと考えてワクワクしていた。

大人になって少し変わったのは、試合に出られないこともある、出られない選手も常にいるという現実を知ったことだ。

だから試合に出ている選手は、そういう選手の気持ちも考えて、ピッチに立たなければいけないし、それにふさわしい練習、プレーをしなければいけない。そして、出られない選手はその立場に甘んじることなく、絶対に出てやるという思いを持つ必要がある。

試合に出ていれば楽しい。サッカーはそういうものだから。

試合に出られなければ、文句のひとつも言いたくなるかもしれない。人間だから。

でも、人の気持ちを考えることができるようになれば、出ていない選手がどんな思いなのか、出ている選手がどれだけ頑張ってそこに立っているのか、わかるようになる。

僕が、本当に運良く素晴らしい人たちに出会えて、そういう人たちに力になってもらえたのは、もしかしたら「他人の気持ち」を考えることができたからなのかもしれない。

1991年／12歳

泣ける喜び

「伸二、交代！」

小野さんが怒っているのがわかった。僕も腹が立っていた。

全然、いいプレーができていない。ベンチに戻っても、いい気分がしない。

「伸二、お前、歩いて帰れ」

胸の奥から涙がせり上がってくるのを必死に抑えて、立ち上がった。

「歩いて帰る！」

「おお、帰れ帰れ」

歩き出すと、応援にきていた保護者さんが声を掛けてくれた。

「無理よ、遠いんだから」

何度かその声を振り切ったけれど、仕方なくベンチに戻った。うまくプレーできなかったことがショックなのに、さらにそんなことを言われて散々な日だ、と思った。

❖

実は結構、泣くタイプだ。小学校時代は人前でも泣いた。そのシチュエーションは決まっていて、サッカーで負けたとき、サッカーがうまくいかなかったとき。あとはゲームなんかでも勝てなかったときはだいたい、泣いていたんじゃないかな……。

僕を知っている人でもあまりイメージがないかもしれないけれど、今でもよく泣いている。理由はいろいろだけれど、ひとりになったときなんかは、つい涙を流してしまうことがある。

このときは、自分でもいいプレーができていない自覚があった。小野さんは僕のプレーにではなくて、ピッチでの姿勢に不満があったのだと思う。滅多にないことだったけれど、交代させられ、「歩いて帰れ」と言われた。

学校から遠く離れた河川敷での試合だ。当番の保護者さんたちが車に乗せて連れてきてくれていた。歩いて帰れるわけがない。

でも意固地になった僕は「帰る！」と啖呵《たんか》を切った。その姿に慌てた当番の保護者さんたちが必死に止めてくれたのを覚えている。

今からずっと前のことだけれど、こうやって鮮明に記憶に残る出来事は、その後の僕に大きな影響を与えている。たとえ、サッカーでうまくいかなかったとしても、自分勝手に振る舞い、チームに迷惑をかけてはいけない。サッカーは楽しむものであり、楽しんでもらうものである。

それは、何度も書いているように〝サッカーが楽しい〟と思える気持ちがあったからこそ、わかったことでもある。


小学生であっても学年が上がるにつれて、僕をとりまく〝サッカーの世界〟は少しずつ広がっていった。いつだって小野さんをはじめとした指導者の人たちがそう仕向けてくれていたんだと思う。

同じグラウンドでプレーするひとつ上、ふたつ上の学年の試合に参加させてもらい、自分とは全然違う、もっと練習しないと追いつけない、と思わせてくれた。ほぼ負け知らずだった地区から出て、静岡県の他の強いチームと試合を組んでもらうことでまだまだ上がいることを教えてもらった。だから泣く回数も増えたけれど、モチベーションが失われることはなかった。

まだまだ上がいる、と思わされた選手はたくさんいる。

小学6年生のとき、沼津市の隣、三島市にある「三島山田サッカースポーツ少年団」（現・山田サッカースポーツ少年団）というチームと試合をした。優勝か準優勝しか記憶がない頃だ。いつも通り試合前の練習をしながら相手の練習を見ると、コーチも一緒にボールを蹴っていた。

そして始まった試合。衝撃だった。コーチだと思ったその選手は同級生だったのだ。試合は1対8。その大男は、高原直泰《なおひろ》といった。

同じく小学6年生のとき、「トレセン」と呼ばれる選抜メンバーに選んでもらって出会ったのが、太田健（現在は藤田健）。トレセンは「地区トレセン」に選ばれるとそのなかから、「都道府県別トレセン」へ、さらにそこから「地域トレセン」「ナショナルトレセン」と段階を踏んでいく。

僕は東海地域のトレセン（東海選抜）のメンバーにまで選ばれたけれど、ナショナルトレセンには受かることができなかった。ナショナルトレセンの選考会場は千葉県だったと思う。僕がいた東海選抜から選ばれたのはふたりだけだった。

そのうちのひとりで浜松にいた藤田は、小学生にしてすでに右足も左足も遜色《そんしょく》なく蹴ることができた。すげえな、こんな選手がいるのか、とこのときも衝撃を受けたのを覚えている。

また、東海選抜にはヒラ（平川忠亮）やヨウスケ（池端陽介）といった清水商業で一緒にプレーすることになる選手たちもいた。いずれにしても、みんな速いしうまかった。

キックでいえば、僕の弟もすごかった。

彼は五つ年下なのに、両足はおろかアウトサイドも使える小学生だった。

とにかく小学生時代は、決して自分に満足することのない出会いがふんだんにあって、それが未来にまでつながっていた。

1993年／14歳

国士無双

絶対に来るなよ……来るなよ……。
学校中に鳴り響く大音量に頭を抱えた。
クラスメイトが、先生が、外を遠巻きに見つめていた。
校庭にやってきたバイクはすごい音を立てながら向かってくる。
顔が熱くなるのを感じていた。
そのまま校門から出ていくのを見て、ようやく少し心が落ち着く。
学校が終わると急いで帰った。
団地の姿が見えるにつれて、再び心が暗くなっていく――。
通学路の一本道、たくさんの団地が並んでいた。

その最後の一棟、道のちょうど曲がり角あたりにひと際目立つベランダが見えた。

隙間なく、干された洗濯物……。

Tシャツに下着、どんだけあるんだよ。

ああ、もう嫌だ……。恥ずかしい。

家に入ると僕はすぐにサッカーボールを持って外に飛び出した。

❖

プロになってから麻雀をやるようになった。心理戦が面白くて、結構ハマったと思う。僕の代理人のアッキーはその仲間のひとり。アッキーがこんなことを言っていた。

「仲二の麻雀はいやらしい。最初圧倒的に勝って、最終的にみんながちょうどいいくらいに勝つように、誰も損しないように終わらせる」

あれはちょっと面白い表現だった。

麻雀を始めたばかりの頃、「国士無双」という言葉の意味を知った。

——国中で並ぶものがいないほど強いこと——

それが辞書的な意味で、でもそんな言葉より麻雀の役としての「国士無双」に「めっちゃくちゃ強いじゃん」って思った。

子どもの頃、我が家にはその「国士無双」と書かれた服があった。いわゆる特攻服、というやつだ。10人きょうだいの兄たちが着ていて、彼らは暴走族だった。ときどき僕の通う学校へバイクに乗ってやってきては、学校中の注目を集めて帰っていった。僕が中学生になって物心もついた頃だ。いつも、絶対に教室までは来るなよ、って祈っていた記憶がある。

先にも書いたように、小野家は10人きょうだい。まだ当時は父親もいたから、母親と合わせて12人が2ＤＫか3ＬＤＫか……まあ、ぎゅうぎゅうで暮らしていた。お金がないことも悩みのひとつだったけれど、兄たちの振る舞いも僕を困らせた。

誤解がないように書くと、兄たちはバイクの音で迷惑をかけるくらいで、人を傷つけることはなかった。むしろ変な正義感があって、人助けをすることもあった。

あるときは、僕の友人が知らない人たちに暴力を振るわれているのを知ると、「どこだ⁉」と駆けつけて、その人たちを追い払ってくれた。ありがたい思いはあったけれど、……バイクに乗っているのは好きじゃなかった。

小野家でもうひとつ嫌だったのがベランダだ。

どちらかというと、この頃の僕はそっちのほうが嫌だったかもしれない。通学路にある団地の1階に住んでいたから、誰もが見える場所に「小野家のベランダ」はあった。

バスタオル、バスタオル、バスタオル……10人分の洗濯物が所狭しとかけられているそれは、子ども心に恥ずかしかった。

ちょうどそういう年齢だっただけだと思う。僕の通っていた小学校、中学校は――今沢小学校と今沢中学校というのだけれど、小・中学校が同じ敷地に併設されていた。だから、通学路は9年間、変わらない。

学校からの帰り道、家が近づくにつれて「クラスメイトの誰かに見られていないかな……」と周囲を気にしながら歩いた。洗濯物で引き戸すら見えないあの風景は、いまだに僕の脳裏にこびりついている。

そういえば、さっき少し触れた兄が友人を助けに行ってくれたときは、このベランダを飛び越えて裸足《はだし》で駆けていった。

とにかく今考えると、当時の小野家は普通じゃなかった。

サンタクロースが来たこともなくて、「クリスマス」じゃなくて「苦しみます」ってきょうだいで言い合った。誕生日は1回だけ祝ってもらった記憶がある。フランス代表のユニフォームをもらった。あれは本当に嬉しかった。

それが当たり前だと思っていたから、どうにかしたい、とかそんなことを思ったことはなかったけれど、家のことで悩んだことは多かった。

助けてくれたことはあっても兄たちはもちろん、怖かった。

父親はトラック運転手で、記憶はあまり多くない。母親も含めて少なくとも小学生時代に僕のサッカーの試合を観たことはないはずだ。当然のようによくあるサッカー少年団の保護者当番をしたこともなかったと思う。

そのくらい我が家は忙しかったんだろうし、なんせ10人も子どもがいるのだから……当然だ。

父親に言われたことでちょっと記憶にあるのは「天狗《てんぐ》になってねぇか？」という一言。どこかで「サッカーが人よりできる」と聞いたのかもしれない。僕のサッカーをしている姿を見たこともないのに、そんなことを言われたからよく覚えている。決して気持ちのいい言葉じゃなかった。

もちろん怖いイメージだけではない。仕事のトラックに乗せてもらって東京までついていったり、高速のサービスエリアに寄って食べさせてもらったご飯がおいしかったりした思い出もある。その父親も数年前に他界した。


繰り返すけれど、僕にとってはそれが当たり前だった。

他の人からすれば普通じゃなかったとしても。

嫌だと思ったけれど、自分ひとりでどうにかできるモノでもなかった。


ただ、僕が「プロサッカー選手になること」を心に決めたきっかけをくれたのも、家族——母親の存在だった。

離婚をして10人を育てるシングルマザーだった母親が乳がんにかかったのは、校庭事件に悩まされていた中学2年生も終わりに差し掛かろうとしていたとき。人並みに反抗期があったし、何度も口答えをしていた頃だ。「乳がん」と聞いてどんな病気なのかがはっきりとわかっていたわけではない。ショックを受けた、というのも違う。聞くと、祖母も乳がんにかかったことがあったらしい。

でも、家で母親から見せてもらった手術痕を見て、「反抗している場合じゃない」、むしろ本気で「プロサッカー選手になる」「プロになってお金を稼いで、母親を助けなければいけない」と覚悟が決まった。

その当時、Jリーグが開幕したばかりですごい注目を集めていた。新聞やテレビで「1億円プレイヤー」という言葉を目にした。サッカーでお金を稼げるんだ、これで母親を、家族を幸せにしないといけない。

——子どもながらにそう思った。

あのときからサッカー選手になることは、僕にとってはひとつの運命であり、決まったことでもあった。

1994年／15歳

ウズラの卵

「行ってらっしゃい！」

おじちゃんが出ていく背中に声を掛けた。

岡持ちを手にしたそのおじちゃんが、足早に外を駆けていく音が聞こえた。

目の前に広がった皿の山に手を突っ込み、れんげ、お箸、もちろんお皿も、きれいに洗っていく。

住んでいる団地を出て、一本道を挟んだ目の前。走れば10秒とかからないかもしれない。

海が近くて、見上げれば富士山が見える。電車の音がいつも聞こえる場所。

レンガ造りの建物の1階にある中華料理店「鳳蘭」は、中華丼がめちゃくちゃおいしい。

久しぶりの〝アルバイト〟だった。

今日の賄《まかな》いは何にしようか――、やっぱり中華丼かな。

皿をひと通り洗い終えると、冷蔵庫を開ける。

ウズラの卵が入れてある皿に手を伸ばし、ひとつ口に入れた。

やっぱりうまい――。

❖

中学生のとき、僕はときどき家の前の中華料理店「鳳蘭」でアルバイトをしていた。

今はもう、なくなってしまったんだけれど、沼津に住んでいたときの僕が、とても大好きだった場所のひとつだ。

サッカーをやっている先輩のお父さんがやっているお店。その先輩は、通っている学校が遠かったから同じサッカー部ではなかったけれど、ずっと仲良くしてもらっていた。

そんな関係でいつしか「アルバイト」をさせてもらえるようになった。「アルバイト」といっても、時給をもらっていたわけではない。皿洗いをすれば、好きな賄いを食べていいよ、と言われていたから、おいしいものが食べたいとき、僕はよく「鳳蘭」に顔を出した。

特に中華丼が絶品だった。

おじちゃん（先輩のお父さん）が出前に出かけるとき、僕は決まって皿洗いをしながら、ウズラの卵を失敬していた。それくらい、ウズラの卵が大好きだった。いつかこのお店でお金を払ってたらふく食べたい。そう思っていた。

中学生だからもしかしたらアルバイトはダメだったかもしれない。でもお金をもらっていたわけじゃないから……いいのかな。

もちろん、この頃も僕のサッカー熱は衰えなかった。今沢中学校でサッカー部に入り、毎日練習をした。ひとつ上、ふたつ上の先輩は、今沢サッカースポーツ少年団のときと同じ。あの「うまいな」と思った先輩たちと一緒に戦うのは楽しかった。

よく覚えているのはライオンズカップという大会。入学したて、まだ「仮入部」の状態だったのだけれど、試合に出させてもらってゴールを決めた。知っているメンバーと楽しくサッカーができ、そして沼津市ではかなり強いチームだった。

3年生になると顧問の先生が生活指導も担当するようになった。かなり多忙で、自分たちだけで練習する機会が増えた。僕は練習メニューを作るようになった。

走るのが好きじゃないから、なるべくランニングメニューを減らして、走るにしてもボールを使うメニューにした。

少し話がそれるけれど、僕はあまり走るイメージがないらしい。プロになって以降も、走る量が多いタイプとは思われない。でも実は走るのが得意だ。中学時代、マラソン大会があって中学2、3年生時に学年1位になっている。

まあ、それはいいとして（笑）、練習メニューを作っているときに考えていたのは、みんなでサッカーをどう楽しむか、だった。

ペナルティエリアだけで8対8の試合をするのは、結構やっていたと思う。狭いスペースでやるのもそうだけれど、いつもと違ったやり方をすることでチームメイトのモチベーションも上がったような気がする。

僕のサッカーは、こうやってメンタル的な部分でも視野が広がっていく。

中学時代は本当にいろんなことが起きた。

両親の離婚や母の乳がん。

団地の前の〝練習場〟ではカーブをかけたキックがメインになっていく。

そして環境。僕のサッカーは沼津から静岡、静岡から東海、そして日本……世界へと広がっていった。

1994年／15歳

布団の下の財布

やばい……、やばすぎる……。

揺れていたのはバスか、僕の心か……。言えない。

バスはもう発車してずいぶんと経《た》っている。

椅子の前も、横も、後ろも、全員、先輩。疲れて寝ている人、イヤフォンをしている人……みんな違う学校であんまり話したこともない。そしてサッカーもうまい……。

ダメだ、言えない。

なんで気づかなかったんだろう……。

大きな部屋に敷いた布団、その下に財布があるはずだ。

もう一度、ポケットをまさぐる。やっぱり、ないよな。

バスに乗ったときに言うべきだった。

沈んだ気持ちのまま、バスは猛スピードで目的地へと向かっていった。

❖

あの「財布」事件は忘れられない。当時は、ただ焦りに似た感情だけが頭のなかを支配していたけれど、今となっては「あれがあって良かった」と、運命みたいに感じている。

中学2年生だったと思う。

僕は、静岡県の選抜チームに選ばれていた。下の学年は僕と太田健のふたりだけで、その他は、全員3年生。

愛知県での試合のことだ。僕は泊まっていた合宿所のような施設に財布を忘れた。

気づいたのはバスに乗った瞬間だ。全員で雑魚寝《ざこね》をした部屋の、布団の下にその財布はまだあるはずだった。

先輩たちがすでにバスに乗っているなかで、「忘れました」と言う勇気は当時の僕にはなかった。バスはそのまま試合会場へとまっしぐら。

焦りながら、財布を忘れたことを伝えられたのは、試合会場に着いてからだった。最後にバスを降りた僕は、運転手さんに「部屋に財布を忘れてきました」と言葉を絞り出した。

清水商業や清水東、静岡学園……、サッカー王国といわれる静岡において、清水はもっともサッカーが盛んな地域だ。

そんな清水、静岡のサッカー小僧たちが合宿などでよく使っている「日本閣」という有名な旅館があった。茶色の壁、入り口の真上に「日本閣」と書かれ、中に入ると所狭しと有名選手のサインが入ったフラッグ、ボール、ユニフォームが飾ってある。

なかでも清水商業、僕の母校であるキヨショウとは1キロと離れていない場所にあり、近くのアパートで下宿していた選手たちは、この日本閣で夕食やお風呂の世話になることが多かった。

そんなキヨショウと深い関係にあったのが日本閣を創業したのが西川昭《しょう》策《さく》さん。バスの運転手の人だ。小野さんに加え、僕にとってのもうひとりの恩人であり、父のような存在である。

「財布を忘れた」と伝え聞き、西川さんは、部屋から財布を見つけ出してくれただけでなく、以降も僕のことを気にかけてくれるようになる。

中学2年生だった僕は、キヨショウに行く、と信じて疑っていなかった。というのも、僕自身がキヨショウのサッカー部監督である大瀧雅良《おおたきまさよし》先生に「キヨショウに行きます」と宣言していたからだ。

時をさかのぼって小学4年生の頃。

「チームでサッカー」を始めてまだ1年ちょっとしか経っていない僕は、よりサッカーの虜《とりこ》になっていた。夢は「世界一のサッカー選手になること」。何度か書いたけれど、当時はJリーグも発足していなかったし、海外のサッカーを観る機会もほとんどない。なぜか憧れることになったマラドーナしか知らなかったから、とにかく世界で一番になるんだ、と意気込んでいた。

そんなとき、沼津市に偶然、キヨショウが試合をしに来た。僕は小野さんと一緒にその試合を見ていて、子どもながらに「キヨショウがすごい」ことを理解した。一緒に見ていた小野さんが唐突に言った。

「キヨショウに行きますって大瀧先生に言ってこい！」

今考えればめちゃくちゃだし、もしかしたら冗談だったのかもしれない。でも僕は真《ま》に受けた。大瀧先生のところまで走っていって、言った。

「キヨショウに行きますので、覚えておいてください！」

先生の反応は覚えていない。きっと先生も覚えていないと思う。

でも、この時点から僕の進路はキヨショウだと決まった。受かったわけでも、呼ばれたわけでも、コネがあるわけでもないのに、「そうなるんだ」と思っていたのだ。


キヨショウへの思いが強かったのはゴールキーパーの川口能活《よしかつ》さんの影響もあった。

中学2年生のとき、キヨショウは全国高校サッカー選手権で全国制覇を果たす。その年、チームのキャプテンだった能活さんと中学生だった僕たちは「静岡県選抜の冬の合宿」で一緒になっている。

一日中、練習、試合をして、ものすごいレベルのなかでプレーをしていた。最後の練習は夜の体育館でのゲーム。高校生が先にやって、それが終わってから中学生がゲームをした。高校生だった能活さんは、自分たちのトレーニングはとうに終わり、僕ら中学生のゲームになっているのに、ひとり残って体育館で腹筋やスクワットをしていた。

「毎日、これをやってるんですか？」そう聞くと、「まあ、だいたい200回くらいは毎日やってるね」と、なんてことはない、という顔で教えてくれた。

すごい、このチームで僕も優勝したい。この頃から、キヨショウの青いユニフォームへの憧れは強くなっていった。

そんな僕がキヨショウのサッカー部の選手たちの面倒を見ている西川さんと、偶然、懇意になった。僕のプレーを見た西川さんは、どうやら大瀧先生に「絶対に入学させたほうがいい、すごい選手だ」と薦めてくれていたらしい。

中学3年生になったとき、大瀧先生が今沢中学校にやってきて、キヨショウに来ないかと、スカウトしてくれた。

そして偶然なのかわからないけれど、僕がキヨショウに入学したタイミングで下宿先が新しくなった。先輩たちが住み込んでいたのは、志村けんさんのコント番組に出てきそうな、ボロボロのアパート。ドアをノックしたら壊れちゃう、みたいなやつで、冷暖房もない。しかも相部屋だった。

それが西川さんの計らいで、冷暖房完備の、ドアも壊れないきれいなマンションの一部屋になった。しかも、ひとり一部屋。同級生全員がその部屋に住めたわけではない。僕を含めて3人しか住めなくて、チームメイトはずっと羨ましがっていた。

それだけじゃない。僕の家庭環境を聞いていた西川さんは、そんな素晴らしい部屋の代金を全部負担してくれていた。

日本閣は2022年に新型コロナウイルス感染症の影響で閉館となった。創業は1967年で、実に55年もの間、静岡の、キヨショウのサッカーを支えてくれた。西川さんは、2012年、ご逝去《せいきょ》された。

感謝しかない。

それにしても、もしあのとき財布を忘れていなかったら——。僕は、キヨショウに行けていたかわからない。やっぱり運命としかいいようのない忘れ物であり、出会いだった。

1995年／16歳

大瀧先生

「ちょっと、足が痛いんで地元の病院に行ってきてもいいですか？」

恐る恐る声を掛けた。

そのときの、先生の表情は忘れられない。

「伸二、今、ここで逃げるのは簡単だよ」

怒るでもない、真剣な顔で本当にただそれだけ――。

僕は即答した。

「痛く……ないです」

――嘘が、バレた……。

冷や汗が止まらなかった。

練習がきつかった。ほんの数カ月前までのサッカーとは全然違う。

中学から高校に変わるだけで、こんなにも練習はきつくなるの？

ぶつかってくる先輩の強さも、スピードも段違い。

これが、日本一の高校の練習なのか……。

この練習にはついていけない、逃げ出したい。

土埃《つちぼこり》の舞うグラウンド。陸上部のトラック、野球部のバックネット……ひときわ目立つのが、サッカー部の熱量だ。

いっそ怒られれば、怖くなかったかもしれない。

「逃げるのは簡単だよ」

そう言った大瀧先生の表情に背筋が凍る。

大瀧先生を初めて知ったのは小学4年生のとき。一度だけ、一方的に言葉を交わした。

今沢中学3年生のとき、「清水トレセン」のメンバーに入れてもらった。

週1回、清水市のうまい選手たちが中高からやってくる。刺激的だったけれど、僕の住む沼津からは練習会場まで1時間以上かかった。

その送迎をしてくれたのも大瀧先生だ。

「清水トレセン」の帰りがけ、大瀧先生はいつもその日の練習や高校生との試合での、僕のプレーにアドバイスをくれた。そして、カラダの線が細い僕を気遣って、補食や牛乳をくれた。

何より、清水商業に呼んでくれた人だ。

しかし、実際に、キヨショウでプレーすることになって数カ月。以前の喜びはどこかに吹き飛んでいた。

きつい。逃げ出したい。日本一の高校に入学してたった3、4カ月しか経っていないのに、僕は「もう、無理だ」と感じていた。

❖

清水商業高校。

もしかすると今の若い子はその名前を知らないかもしれないから少し紹介しておく。

僕らの時代の、静岡に住むサッカー少年にとっては憧れの高校だった。挙げればキリがないほどのJリーガー、日本代表選手を輩出してきた。風間八宏《かざまやひろ》さん、藤田俊哉さん、名波浩さん、川口能活さん……。

有名選手をたくさん輩出しただけではない。とにかく強かった。高校選手権3回、高校総体4回、全日本ユース5回の優勝という圧倒的な成績は、全国屈指。2013年に統廃合があって、現在は清水桜が丘高校となっている。

その「キヨショウ」の象徴が大瀧雅良先生だった。

中学生になると、いろんな高校からスカウトが来た。でも僕の希望はキヨショウ一択。だから「うちに来てくれ」と言われたときには、本当に嬉しかった。

入学する前から大瀧先生にはずいぶんと目をかけてもらった。

清水トレセンに選ばれると駅までの送迎をしてもらい、その道中でプレーのこと、判断、そしてしっかりカラダを作るための基礎を教えてもらった。

その頃から、キヨショウでどんなサッカーができるのか……親元を離れることにはなるけれど、本当に楽しみだったのだ。

© 山田真市 / アフロ

大瀧先生と過ごした清水商業時代。「走るメニューが大変だった」と小野は話す。

でも、その楽しみにしていたキヨショウのサッカーは想像を絶した。

とにかくフィジカルも、テクニックも足りなかった。

入学してすぐ、その差を痛感した。

U－17の日本代表に選ばれていた僕は、アジア予選などでチームを離れることが結構あった。帰ってくると、いつも思った。

「きつすぎる……」

もう逃げ出したくて、地元に帰りたいと思った。

あれだけ行きたいと望んでいたキヨショウだったけれどもう無理だ……。

「足が痛いことにしよう」――そうして僕は大瀧先生に言ったのだ。地元の病院に行ってきていいですか、と。

この瞬間は、僕にとってひとつの転機になっている。

「伸二、逃げるのは簡単だよ」

大瀧先生は、僕の心のなかを完璧に見透かしていた。この人は、僕のすべてをわかっている。

心が切り替わった。とにかくやるしかない。

もし、このとき先生に「いいよ」と言われて、地元に戻っていたら、僕は〝諦めるクセ〟がついていたかもしれない。きつくなったら逃げればいい。そうやって考えるようになってしまったはずだ。

大瀧先生はそうやって僕自身に考えさせ、プロとしての力を身につけさせてくれた。

言葉だけではない。行動でそれを示してくれることもあった。

一番よく覚えているのが、僕のひとつ目の〝ブレイクスルーポイント〟だ。

僕は、入学してからすぐ試合に使ってもらっていた。それが心底嫌だった。なんで先生は僕を使うんだろう、と思っていたくらい。

僕が出る試合は全くチームが機能しなかった。当然だけれど、キヨショウにはたくさんのいい選手がいる。いや、先輩がいた。のちにヴィッセル神戸などでプレーをする小林久晃さん含め、この世代を代表するような選手たちばかりだ。

なのに1年生の僕が先発して、うまくいかない。後半の途中から僕と代わって先輩が出る。申し訳なくて名前もはっきりと覚えている。苅和《かりわ》直輝さん。

チームはイキイキとした。莉和さんが出ると、水を得た魚のように、チームはイキイキとした。

スタメン発表で自分の名前が呼ばれるたび、憂鬱《ゆううつ》で仕方がなかった。誰が見ても、僕のところだけうまくいっていないのだ。

諦めずに練習をする。でも、試合ではやっぱりダメ。

その繰り返し。

もうやめてほしい……そんなことを思い、うまくいかないピッチでもがいていたときに訪れたのが、インターハイの静岡県大会決勝、浜松西戦。夏のことだった。

勝てば全国大会に進める一戦で、僕はやっぱりスタメンで出場する。

でも、この試合だけはなぜかフィーリングが良かった。マッチアップする浜松西の選手が同じ1年生だったからかもしれない。チームはボールを支配し、次々とゴール前にチャンスになりそうなボールを繰り出していた。

35分ハーフで行われていたこの試合、前半の15分に漆畑司さんがすごいミドルを突き刺した。そして10分後の25分。左サイドでボールを受けた僕は少し前進すると中央へパス、そこから右サイドへボールがわたり、クロス。こぼれたボールが僕の目の前にやってきた。

ハーフバウンド気味に転がってきたボールを思い切り叩《たた》くと、ボールはそのままゴールへと吸い込まれていった。県大会初となる30メートル近いロングシュートは、チームに大切な2点目をもたらしただけではなく、僕自身に大きな自信を与えてくれた。

この瞬間、パチンと音がして、すべてが一気に好転し出した。

ピッチでのイマジネーションが次から次へと湧き出てきて、技術はどんどんレベルアップし、自信がみなぎるようになっていった。


晴れて僕たちはインターハイに出場することになるのだけれど、僕はこの大会に行っていない。代わりに8月に開催されたエクアドルでのU－17世界選手権に出場していた。

僕たちは16歳の年代で、多くはひとつ上の世代が対象になる。それでも、ゴールキーパーのソガ（曽《そ》ケ端準《がはたひとし》）、イナ（稲本潤一）、みっちゃん（小笠原満男）、トモ（酒井友之）、イバ（新井《あらい》場徹《ばとおる》）、そしてタカ（高原直泰）といった同級生が選ばれていた。

他にもキヨショウの先輩である小林久晃さん、清水東（タカの先輩にあたる）で当時、どんな選手より有名だった山崎光太郎さんら本当にうまい選手が集まっていたチームだ。でもガーナ、アメリカ、エクアドルと戦ったグループリーグは、1勝1敗1分け。残念ながら予選敗退となる。

世界を知った。特に初戦のガーナはイナも「衝撃だった」と言うほど身体能力の差を感じた。でも、今振り返っても、キヨショウの1年目で感じた以上のすごさはない。


決して何かを言われたわけではない。先生が、ただ僕を使い続けただけ。

なんで代えなかったのか、答えはわからない。

ただ、大瀧先生の言葉、行動は確実に僕を作り上げてくれていた。

1998年／18歳
ダービー免除

「来たぞ！」

その声に呼応して、グラウンドに大きな声がこだまする。

チームメイトたちの動きは速く、そして整然とした雰囲気に支配された。

ゆっくり歩く男性の姿を視界にとらえると誰もが一気に、駐輪場へと走り出した。

ちょっと大きめの眼鏡をかけた大瀧先生は、ホワイトボードに次々とメンバーを書いていく。

「はい、今日はこれでやりましょう」

そう言って駐輪場の2階へと上がっていく。部員はホワイトボードに書かれた練習を再確認すると、グラウンドへと戻っていく。

試合形式の練習だ。

2階から声が飛んだ。

「伸二に、つけ！」

11対11のゲーム、相手のフィールドプレイヤーがひとり増える。そして、その選手はずっと僕だけをマークする役割になった。

いつものようにプレーができない……。ボールを失い、カウンターを食らう。

まじかよ、クソ……。奪われたボールを必死に奪い返しに行く。

次は、こうしてみよう、そしたら取られないかも。そんなことを常に考えていた。

❖

キヨショウの生活もまた僕にとっては刺激的だった。

朝は6時から準備が始まり、7時に練習がスタート、8時半には授業を受ける。その間も、ずっと「授業が早く終わらないかな……」と放課後の練習に行きたくてうずうずしていた。どこの高校も似たようなものだと思うけれど、テストの点数があまりに悪いと補講がある。赤点というやつだ。僕は、一度もその赤点を取ったことがない。

決して成績優秀ではなかったけれど、赤点を取ったら補講に出なきゃいけない、それはつまり放課後のサッカーができないことを意味した。だから、絶対に及第点だけは死守した。

サッカーが楽しいのは僕にとって当たり前で、今日までずっと変わらなかったことだ。そう思わせてくれる環境を作ってくれたのは、チームメイトや指導者だと思う。

その点で、僕の心を見抜いていた大瀧先生の存在は欠かせない。

大瀧先生は、サッカーだけでなく、人間性や規律も重視した。厳しかった。チームには必ず「先生が来たぞ！」係という、先生の姿をいち早く見つけ、グラウンドに来る前に僕たちに知らせる選手がいた。「来たぞ！」という掛け声に合わせて、それまでダラダラやっていたウォーミングアップが一気に熱を帯びる。

先生は練習メニューを伝えると、決まって駐輪場の2階にパイプ椅子を持っていき、それに座っていた。そこからいろいろな指示を出していく。怒って2階からパイプ椅子が飛んでくることもあった。

今じゃ、許されないだろう。でも、僕らはそこに愛情を感じていた。

あるときから、ゲーム形式の練習に「僕だけにマンツーマン」する選手が現れた。フィールドプレイヤーが相手はひとり増えることになり、10対11。ゴールキーパーを入れたら11対12の試合になる。

ずっとマークされていると、当然だけれど、今までのようにはプレーができない。ボールを奪われ、パスコースは限定され、ピンチを作ってしまうこともあった。

苦労したけれど、そのなかでいかに自分のプレーができるかを考えた。今、思うと自分の成長のために欠かせない練習になっていたと思う。

厳しい状況や苦しい場面は、サッカーに限らず出くわすと思う。僕はサッカーが好きだけれど、そうした苦しい瞬間までワクワクするわけではない。

やばい、と思うし、なんだよ、と感じる。でも、その感情を表に出して諦めるか、考えて行動するか、挑戦するかだけで、すべてが変わると思う。

事実、大瀧先生率いるキヨショウの練習は厳しいことばかりだった。

上下関係だって大変だった。「ダービー」と呼ばれる、ひとつ上の先輩の説教タイムがあった。下の学年の生徒が全員集められ、話を聞かなきゃいけない（これは先生がやれ、と言っていたものではないと思うけれど）。

僕が嫌だったのは、この「ダービー」を免除されていたことだ。僕は1年生から試合に出ていて、「お前はいなくていい」と言われていた。

同級生に申し訳なくて、「嫌です、残ります」って何度も言ったけれど、キャプテン（松原忠明）に「ナニ言ってんだ、来い！」と言われて、残らせてもらえなかった。

朝の6時からの練習は、下級生は5時半までに来て、グラウンド作りをしなければいけない。倉庫からラインカーを出して、石灰を入れて、グラウンドにラインを引いて……。

きつかった練習は、朝7時からある「地獄の階段」。歩幅の合わない清水船越提公園の階段を走るのだけれど、それがダッシュで30秒くらいかかる長さがあった。文字にすると伝わりづらいけれど、30秒間全力で、しかも階段を上るのはめちゃくちゃきつい。平面で100メートルを走った、倍くらいの負荷と言えば伝わるだろうか。

このダッシュ、大瀧先生がいる場所が絶妙だった。ゴール付近にいるのだけれど、先生から僕らが見えるようになるのが、ちょうど一番きついタイミング。「手を抜けない……」、そう思いながらギアを必死で上げたことをよく覚えている。

朝からそれを10本。それが1週間のなかで3日連続で訪れる。

今振り返ってもきつい。でも、やっぱりあの頃も、サッカーが待ち遠しくて、楽しくて仕方がなかったのだ。好きであること、楽しいことは力になる。だから、そういう環境を作ってあげることも大事なんだろうと思う。

キヨショウで僕は一度も高校選手権に出たことがない。選手権はサッカー部の高校生にとって最大の目標で、憧れだ。

夏にあるインターハイはすべて出場し、2年生のときに山梨大会で優勝。高円宮杯全日本ユース選手権は、当時はまだトーナメントだった。これもすべて出場して1年生で優勝、3年生のときは準優勝。ちなみにこのとき決勝で負けた相手はモト（本山雅志）がいた東福岡だった。静岡選抜として出場する国体は1年生で準優勝、2、3年生のときは優勝した。特に1997年の静岡選抜は、タカや南雄太をはじめ、すごい選手ばっかりで負ける気がしなかった。

振り返ると、かなりいい結果を出していたけれど選手権だけは縁がなかった。3年生の最後の試合、僕のPK失敗で選手権出場の夢が絶たれた。

このことについてあるとき、悔しくてやっぱり泣いてしまったか？　と聞かれたことがある。そのとき思い出したけれど、大瀧先生がこう言っていた。

「負けて泣くのは、後悔、やり残したことがあるからだ。そういう選手になるな！」

練習を含め、全力でやってきたから選手権に出られなかったことに後悔はない。

1998年／18歳

1万円

「フランスワールドカップを目指せ」

キヨショウのグラウンドで先生がいきなり言った。

チームメイトたちも、日本代表が初めてワールドカップ出場を決めたことで大盛り上がりをしている。

その前夜、〝野人・岡野〟（岡野雅行）が決めたゴールデンゴールは本当に興奮した。


暑そうなマレーシア、ジョホールバルでイランと対戦していた日本代表で、僕より3つ上の「ヒデ」が異彩を放っていた。中田英寿さんだ。

そういえば、3年前に初めて「日本代表」のユニフォームを着たとき、ひとつ上のカテゴリに「ヒデ」はいた。すでに有名人で、雲の上のような存在。確か、コーチが言っていた。

「ヒデは、外国に遠征に行っても外国の選手たちと英語で話をしている。そういう意識の高い選手なんだ」

3つしか変わらないのに、もうフル代表で戦っているなんてすごい……。

試合は2対2のまま延長戦に入っていた。ゴールを決めたほうがワールドカップ出場。その緊迫感はテレビからも伝わってきた。

そして延長118分。「野人」が決めた。

いつか自分もワールドカップでプレーできたらいいなあ……そんなふうに、いちファンのような感覚だったから、まさかその翌日に先生から「伸二はワールドカップを目指せ」と言われてあっけにとられた。

今が11月。高校卒業とプロ入りまであと4カ月ちょっと。

その3カ月後にはフランスワールドカップだ。

いや、んん？　さすがに現実的ではない。

まず選手権。そしてそもそもプロになってどこでプレーするかを決めなければいけなかった。

✣

中学を卒業してから3年間、僕はサッカー漬けの日々で、実家に帰ることは多くはなかった。今考えればそんなに遠いわけではない。車さえあれば1時間ちょっとで帰れただろう。

高校3年も終盤に差し掛かり、僕はいよいよプロサッカー選手の門を叩こうとしていた。問題は、どのチームに行くか——。

記憶にあるなかで、最初に会いに来てくれたのがジェフユナイテッド市原（現・ジェフユナイテッド市原・千葉）だったと思う。そのときは高校1年生。全然、現実味がなくて、あまりプロについて考えることはなかった。

高校2年生のときにはオランダのアヤックスからも声が掛かった。当時は、海外サッカーのことを知らなくて、これもまた現実味がなかった。ただ、もし生まれ変わったら行っていただろうな、と思う。

学年を経て、少しずつ、プロ入りが現実的になっていくと、漠然と「清水エスパルスに行くんだろうな」と思い始めていた。

たまに練習に参加させてもらっていたエスパルスの練習はとても面白かった。監督はアルゼンチン出身のアルディレス。メニューが豊富で、とにかく楽しい。新しい発見がいくつもあった。これまで僕を支えてくれた人たち、特に西川さんや大瀧先生、家族も、地元にある清水エスパルスに行ってほしそうだった。

僕にとっても全然、悪い選択肢ではなかった。

ただ、高校のときの僕は、どこのチームが自分にとっていいのか、という判断基準を持ち合わせていなかった。だから、いよいよ真剣にクラブを決めなければいけない段階になって、「エスパルスでいいのかな」という思いが、頭をかすめ始めていた。

例えば、その当時のエスパルスは経営危機に陥っている、といわれていた。負債が何億円もあって、チームがなくなるかもしれない、というニュースが流れたときもある。多くの人は大丈夫だから、と言ってくれたけれど、僕のなかで不安はぬぐえなかった。

書いてきた通り、僕は世界一の選手になる、と考えていた。そうすれば大好きなサッカーで、お金もたくさん稼げるし、家族を幸せにできる。

エスパルスは本当に大丈夫なのか……？

小学生時代の恩師である小野さんに相談したことがある。

小野さんは言った。

「自分も会社を経営しているから少しは大変さがわかる。エスパルスには頑張ってほしいけれど……、自分の〝息子〟に、潰れるかもしれないところに『行ってこい』とは言えないな……」

多くの人が「エスパルスに行ってほしい」という思いをぶつけてくるなかで、小野さんだけは違う意見を僕に伝えた。

今思えば、たかだか17、18歳で抱える悩みではなかったのだろう。もともと人に相談ごとをしない性格だったから、答えが出なくて、考えるのが億劫《おっくう》になっていった。そして周囲の「エスパルスだろう」という期待を煩しく感じ始めていた。

これ以降も、僕は何度も移籍の決断をしてきている。オランダ、ドイツといった海外移籍もあれば、レッズへの復帰、初めての清水エスパルス、Ｊ２だったコンサドーレ、ＦＣ琉球……、オーストラリアのように「出来立てのリーグ」にも行った。

決めるのはいつだって自分だ。

僕はわりと「ひとつのところに長くいる」のが苦手で、新しい環境やチャレンジにワクワクするタイプだ。そういったことはのちのちにわかってくることで、このときばかりはさすがに参ってしまった。ひとつの決断が、その先にどんな影響を及ぼすのか。僕のサッカー人生をどうしていくのか。僕を支えてくれた人たちを幸せにできるのか。全然、想像がつかなかった。

高校選手権県予選のＰＫ失敗。あのとき感じたのは、「選手権に出られない悔しさ」ではなかった。自分でできることはやり切った。だけれどそれが足りなくて負けた、という事実。

僕が足りないことによって「人生が変わってしまった仲間がいる」――。そこへの申し訳なさがあった。いくらキヨショウが強豪で、静岡が激戦区だったとしても、全国に出るか出ないかは、大きく違う。

もし、あのとき僕たちが全国大会に出ていれば、チームメイトたちに違った未来があったかもしれない。ある選手はもっといい進学先に行けたかもしれない、プロになれたかもしれない。なのに、連れていってあげられなかった。

あのときの申し訳なさは、忘れることがない。

ひとつの結果、ひとつの決断が、何かに影響してしまうんじゃないか……。

僕の性格が、初めてのプロ契約について悩みを深めた。

そんなとき熱心に話をしてくれたのが浦和レッズだった。

スカウトは宮崎義正さんといった。僕が「もう、エスパルスに行くと思います」と伝えても、「1%の可能性でいい。それがあるなら検討してほしい。君を見ていたい、見ているのが楽しいから」と声を掛けてくれた。ちなみに宮崎さんも静岡の藤枝東出身のサッカー選手だったという。

エスパルスか、レッズか。決めたのは高校最後の期末テストの頃だ。

正直にいって、メンタル的にかなり不安定になっていた。そして、レッズに行くことに決めた。

のちのち、この決断にはいろいろな理由が取りざたされた。なかには、お金が一番良かったから、みたいなものもあった。実際のところは、僕自身が「ここだ」と決めるだけの判断能力を持ち合わせていなくて、その上で何度も説得してくれた宮崎さんの言葉に、賭けた感覚だった。

もしかしたら、周囲の人はがっかりしたかもしれない。地元で観たかった、と思っていただろうな、とも思う。それでも西川さんも大瀧先生も何も言わず、快《こころよ》く僕を送り出してくれた。

心を決めて、いざ契約となったとき、僕は久しぶりに地元・沼津へと帰った。向かったのは、レッズとの契約書を交わす約束をした「小野家」だ。

小野家、といっても我が家ではない。小学生時代の恩師・小野さんの家。そこに母親がやってきて、当時・浦和レッズのGMだった横山謙三さんと対面した。

当時の契約は、今では考えられないだろうけれど、契約金（Jリーグでは支度金というらしい）が手渡しだった。

税金などが引かれた分を手渡しされた。

見たこともない分厚い1万円の束《たば》に僕は「ありがとうございます」と言っただけで、手もつけられなかった。すると横山さんは言った。

「伸二くん、ちゃんと数えなきゃダメだ。ありがとうございます、って信じて受け取ったらいけないよ」

僕は今まで見たこともない大金を目の前に、それを一枚一枚数えていった。

無事に契約を終え、僕は浦和レッズの選手としてプロになることが決まった。横山さんが帰ったあと、僕は大金の中の1枚だけを抜いて、残りはすべて母親に渡した。

借りているお金もあっただろうし、と子どもながらに思っていた。

一度家に戻り1万円を財布に入れた僕は、再び家を出た。

向かいにある中華料理店「鳳蘭」。

いつかお金を払ってお腹いっぱい食べたいと思っていたその店で、僕は中華丼を食べた。忘れもしない、中華丼はやっぱりおいしかった。


1998年の3月。僕は浦和レッズの選手となった。

プロ1年目に不安もあった。ワクワクもあった。何より、まさか本当に大瀧先生の言葉通りワールドカップに出ることになるとは夢にも思わなかった。

1998年／18歳

靴ひも

「準備、できてなかったらしいな」

岡田（武史《たけし》）さんが笑いながら僕に近寄ってきた。

何と答えていいかわからず、でも内心「クソッ」って悔しい思いがあった。

フランスワールドカップ。トゥールーズでアルゼンチンに敗れ、前日はランスでクロアチアにも負けた。2戦2敗で僕たち日本代表にグループリーグ突破の可能性はなくなっていた。

最後のジャマイカ戦まで5日間ある。

昨日の試合中のやり取りが思い返された。後半になり70分を過ぎた頃だったか、フィジカルコーチのフラビオが声を掛けてきた。

©JFA/アフロ

フランスワールドカップに選出され、第３戦のジャマイカ戦に
登場。力みもなく、軽々とプレーしていたのが印象的だった。

「伸二、アップの準備をしておけ」

交代だという。

「はい」

そう答えて、緩めていたスパイクの紐を結び直した。その瞬間だ。

フラビオが言った。

「いや、伸二、いい。戦う準備ができていない選手は使わない」

——え？

フランスはものすごい暑さで、蒸して仕方がなかった。スパイクが熱を吸収して暑い。だから僕はスパイクの紐を緩めていた。戸惑いながらも、とりあえずウォーミングアップに向かおうとすると、フラビオはそれも手で制した。結局、そのままベンチで試合終了のホイッスルを聞いた。

準備って、そこ？　そこなの？……でも、そこなのか。そうだよな。

うーん、でも靴、脱いでたわけじゃないし……。

モヤモヤしていた思いが、岡田さんの言葉で再び蘇《よみがえ》ってきた。

その日の練習は試合に出ていた選手はリカバリー、出ていなかった選手はコーチや監督も交じったミニゲームだった。

僕は、岡田さんとフラビオを〝股抜き〟してやった。

❖

初めてのワールドカップは3戦全敗。

僕は最後のジャマイカ戦に79分から出場した。

クロアチア戦にも出るチャンスがあったけれど、スパイクの紐を緩めていたことが〝準備不足〟と取られ、出ることができなかった。

あのときは「なんで？」と思ったけれど、今、考えるとそういう細部も大事なんだと思う。フラビオはこの2年後に浦和レッズにやってきた。お世辞抜きでめちゃくちゃ優秀なフィジカルコーチで、このシーズンの僕のフィジカルコンディションは彼抜きでは語れない。のちに書くけれど、大きなケガをしたあとだった。

僕がフェイエノールトに移籍してすぐにフィットできたのは彼がレッズにいたからといっても過言ではない。

レッズ時代、フラビオに冗談で「あれは信じられなかった」と、クロアチア戦のときのことを伝えた。

フラビオも大笑いをして「すまない」と言った。

それにしてもフランスワールドカップは僕にとってサプライズだった。まず選ばれると思っていなかったこと。選んでもらって、日本代表選手たちのレベルがめちゃくちゃ高いと知ったこと。

そして、その日本代表の選手が、全く歯が立たなかったこと。テレビで観たアルゼンチンにはバティストゥータ、オルテガにベロン。フィオレンティーナやサンプドリアの選手がいて、クロアチアのスーケルはまさにゴールゲッターだった。

これ、どうやって勝つんだよって正直に思った。日本代表のメンバーのレベルに驚いていたのに、世界ははるかにそれを超えていた。

世界、という点では慣れているつもりでいた。小学校時代は韓国を中心とした交流試合、中学時代はアメリカ遠征、そして高校は、オランダなどで試合をした。U－17の日本代表としてエクアドルに行ったこともある。

毎年のように海外で試合をしていたけれど、どの大会よりレベルが高かった。まあ、当たり前なんだけれど……俺って、まだまだなんだ、って改めて痛感した。

記憶にある第3戦、ジャマイカ戦はとても楽しかった。ワクワクして、いい意味で緊張せずに「絶対に点を決めてやろう」って思ってピッチに入れた。最初のボールタッチはよく覚えている。右サイドの相馬（直樹）さんからもらったパスをワンタッチで相手の股を抜いた。そのまま左足でミドルシュートを打ったのだけれど、あれは個人的にはベストな選択ではなかった。左サイドで明らかにフリーのゴンさん（中山雅史）がいた。あそこが見えていなかったのか、ってすごく情けない思いが今でもある。

ただ、この18歳でワールドカップのメンバーに選ばれ、試合にも出させてもらったことは、すごくその後の人生にポジティブな影響があった。

誤解を恐れずにいえば、サッカーが大好きで、何より試合が楽しみな僕にとって、ワールドカップだから、みたいな試合の優劣はない。どれも楽しみで仕方がないもの。それが偽らざる本音だ。

だからワールドカップに出たことが重要だったわけではない。

この歳で、本当に世界のトップの、もっともっとうまい選手の存在を教えてくれたこと、そういう経験、肌で感じるものこそが大事だった。

初めての日本代表での試合は1998年4月1日だった。

フランスワールドカップに向けた韓国代表との親善試合があって、その試合に途中から出場した。

浦和レッズでのプロ1年目が始まって1週間と経たないうちの代表招集で、試合出場。どんな話をしたのか、どんな心境だったのか多くは覚えていない。

でも、すごい選手たちとサッカーができることに胸いっぱいだった。

よく「18歳ですぐに日本代表に選ばれるなんてすごい」みたいなことを言われたけれど、当時は17歳のイチ（市川大祐《だいすけ》）がすでにスタメンで出ていた。

だから自分がすごい、と思うことはなかった。

そういえば、あのとき食事のテーブルはカズさん（三浦知良）のところにつけ、って言われた。スーツをビシッと着て、ブッフェなのに「ステーキで」ってシェフを呼んでオーダーしていた。

すげえ、日本代表にもなるとブッフェでもオーダーできるんだ……って感激した。それはカズさんだけだった、というのはもう少しあとになってわかることだ（笑）。

とはいえ、この代表招集があったからといって、ワールドカップに行ける、とは全く思っていなかった。

だから、その1カ月後に行われるワールドカップ代表メンバー発表をどこで聞いていたのかすら覚えていない。そもそも、あの当時は今のような代表の発表のやり方はしてなかったんじゃないかな……。

その頃の僕はレッズを絶対に優勝させてやるって意気込んでいて、調子も良かった。そこにワールドカップがやってきたことは、これもまた運命的だった気がしている。

about SHINJI from

岡田武史

ステディなメンタリティを持っている

1956年生まれ。大阪府出身。元サッカー選手。現在はFC今治運営会社「株式会社今治.夢スポーツ」代表取締役会長 兼 FC今治高校学園長。98年フランスワールドカップ、2010年南アフリカワールドカップでも日本代表を率いた。クラブチームではコンサドーレ札幌、横浜F・マリノス、中国の杭州緑城足球倶楽部の監督を歴任し、数々のタイトルを獲得。

僕と伸二の関係は1998年が一番、濃いのかな。もちろん、そのあとも彼は日本のサッカー界を牽引《けんいん》していたから、その活躍を目にしていたし、実際に話をすることもあった。

2回目の日本代表監督のときも一度、呼んでいると思う。ただ、実はあまり記憶にない。あのときの僕は、オシムさんが倒れたことで引き継ぐ形になったわけで、日本のサッカーをほとんど見ていなかった。だから、オシムさんのメンバーをベースに最初はチームを作っていた

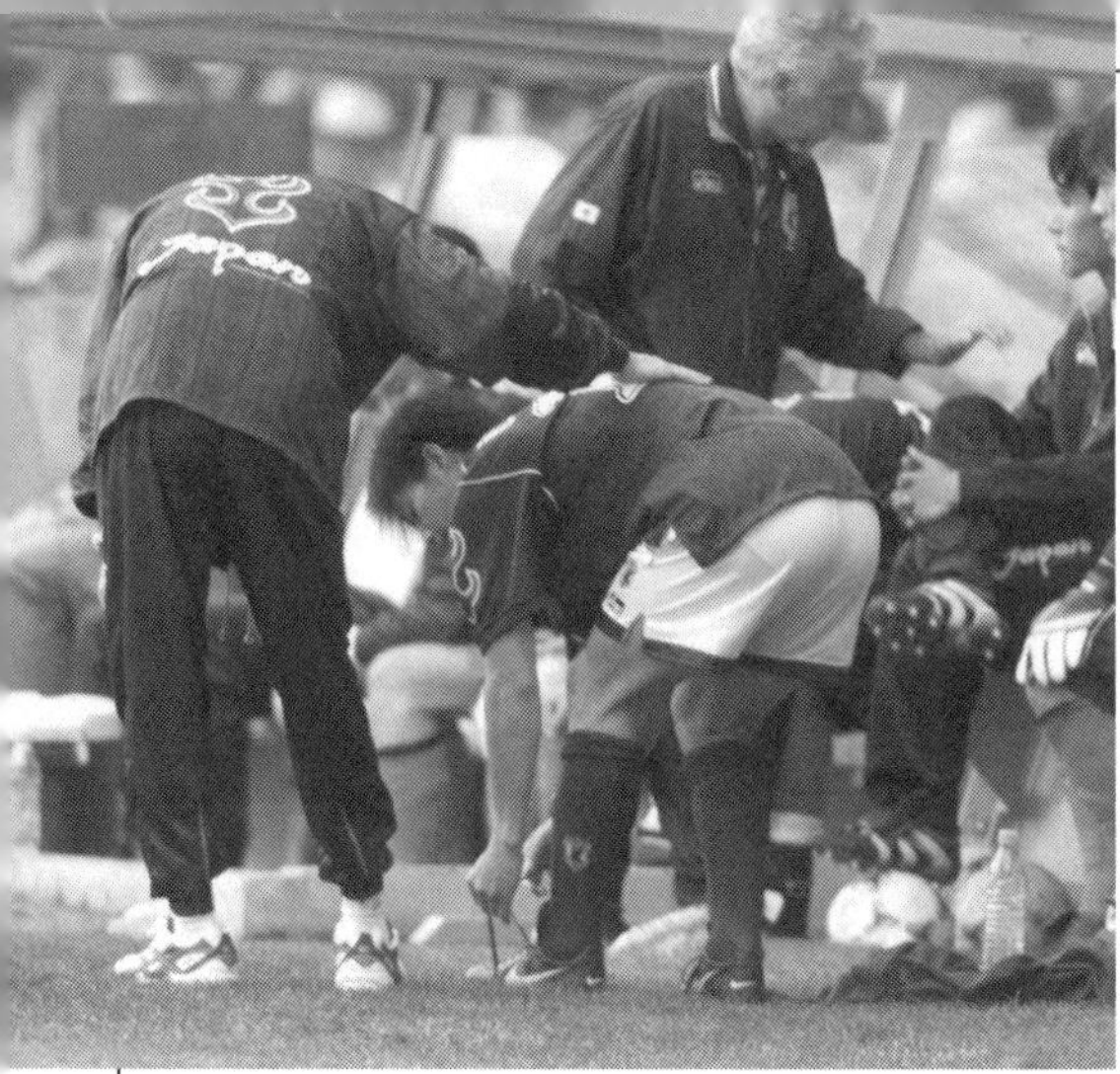

岡田監督は小野伸二を攻撃の切り札として考えていた。

んだけれど、うまくいかない。「これは、自分で選ばなきゃいけない」って覚悟を決めて、本当にいろんな可能性を探っていたから、伸二の名前が挙がっていたことは確かだと思うけれど……。

そういう意味でも「選手と監督」としては、やっぱり1998年、フランスワールドカップになる。

選ぶことに迷いはなかった。

初めての代表監督だったから、とにかくいろんなシミュレーション――0対1でラスト10分だったらどう攻撃するか、とか、引き分けでもいいから守り切るラスト10分とか――をしていたんだけれど、守備はある程度、やれる目途が立った。

ただ、シミュレーションのひとつで、攻撃の軸となる選手がケガをしたらどうするか、というものがクリアにならなかった。当時、核になっていた山口素（弘）、名波（浩）そしてヒデ（中田英寿）……特に、ヒデが出られなくなったときに、攻撃で代わりになる選手をどうするか、というところで「伸二の天才性に賭けよう」と決めた。

そのくらい、伸二のボールタッチ、コントロール、相手の逆を突くプレー、ひらめきっていうのはすごかった。代表に選ぶ前から「すごいやつがいる」っていうのは聞いていたけれど、実際に見てもその通りだった。

だから繰り返すけれど伸二の選出に関しては全然、悩んでいない。「未来を見据えた若い選手に経験を積ませるための選出」みたいなことも指摘されていたけれど、そんなことを考える余裕は、当時の僕にはなかったよ（笑）。

目の前の、あの大会で勝つためにはどうするか、しか考えていない。そこに伸二は必要だった、ということ。まあ、ご存じの通り、あのときはカズ（三浦知良）を外すかどうかが一番の議論の分かれ目だったから、伸二で悩む暇もなかったのかもしれない。

第3戦のジャマイカ戦に出したのも、勝つため。

ジャマイカ戦は絶対に勝たなきゃいけないって本当に思っていた。だけれど試合展開的に攻撃で打つ手がなかった。伸二の天才性に賭けたわけだ。第2戦も途中で出そうと思った、という話も聞いたけれど……確かにコーチが（「伸二はどうだ？」って）進言してきた気がする。ちょっとそこは覚えていない。

確かなことは、僕にとって伸二は勝つために必要な選手だったということ。それも特段、特別視しているわけでもなく、シミュレーションのなかに確実に入っていたということ。

とはいえ、ジャマイカ戦のファーストタッチでの股抜き、あれは「いきなりそれをやるかね」とは思ったけれどね。

あのプレーが象徴しているけれど、伸二は、どんなときも変わらない。大舞台だからがむしゃらにやる、ってこともないけれど、緊張して何もできない、ということもない。

ステディなメンタリティを持っていて、淡々となんでもできてしまう。あの試合も、硬さを感じなかったし、サラッとプレーしていたイメージがある。

人柄としては、本当にサッカー小僧で、誰にでも好かれるタイプ。物怖《ものお》じもしないよね。意外とずけずけと先輩に対しても言えるし。

数年前、急に「今治に顔を出してもいいですか」って連絡をくれて、実際に来た。そのときは「札幌でサッカースクールなどをやって、札幌にサッカーを広めたいんだ」って言っていた。

あれだけの実績がある選手が、そうやって考えるようになったのは、チームのなかで果たす役割が一歩先へ行ったんだと思う。それだけの選手だから。

僕も彼を大好きだけれど、みんなも同じ思いなんだと思うな。

1999年／19歳

消えた映像

ん……、あ、そうか。見えないんだ。

呼ぶ声が聞こえる、その表情も見える。わかってる、でもそこじゃない。

「伸二!!」

……どこだ?

声を出した選手へとボールを出す。

トラップしたその選手はゴールネットへとボールを突き刺した。

「ナイス」

その声に、手を合わせる。遠くから声が聞こえた。

——伸二、無理するなよ。

コーチの声に思わず答えた。

「大丈夫です」

試合形式の練習が再開される。

相手のボールを奪った僕たちは、再び攻撃へと移行する。

ちょっとした動き出しで、相手ディフェンスの穴を作り出すことはできる。

相手がどう動くかは、わかっているはずだから。

いつものように動き出す――でも、見えない。

背後にいるはずの相手ボランチ、斜めに走っているはずの味方、たぶん、ゆっくりと歩くサイドバック、その後ろのセンターバックは……?

ピッチでの感覚が全然、違った。おかしい……。

慣れたはずの大原練習場で、いつもやっていたサッカーのはずだったのに、そこにある景色は自分が知っているものではなかった。

❖

僕のサッカー人生のひとつの転機は、1999年だった。

起きたことを話せば、聞いた人は「天国と地獄」が一気にやってきた一年だったね、と言うだろう。僕は大げさな言い方があんまり好きじゃない。だからあのときが「天国」、このときは「地獄」みたいな感覚はないタイプだ。でも今回は、わかりやすく「天国」と「地獄」と表現しておく。

天国はサッカー人生で最高といえるチームでプレーできたこと。ワールドユース（20歳以下のワールドカップ）で日本代表として準優勝できた。僕がもっともプレーしていて楽しかったチームだった。

地獄は「ケガ」と「降格」。

特にケガは「ピッチでの風景が180度変わった」という点で生涯付きまとうものになる。「ピッチの風景」に違和感を覚えたのは、ケガから復帰してどのくらい経ってからだったか……。

ただ、この違和感が確信に変わったのは、復帰後初めての試合だったと思う。

1999年10月30日、相手はヴィッセル神戸。

僕は、左足靭帯《じんたい》断裂から復帰し、約4カ月ぶりにピッチに戻ってきた。

スタメンでフル出場、チームは終盤に2失点を喫して0対2で負けた。ファーストステージとセカンドステージを足した勝ち点で僕たちは降格圏内の15位にいた。本当に痛い、一敗になった。

復帰戦でチームを助けることができない悔しさ。そこに加えて、違和感が確信に変わったことは、僕に大きなショックを与えた。

感じない、見えない――。

練習でも試合でも、プレーをしていればいつも、僕の目の前には「映像」があった。背中を向けている後ろ側で相手選手がどう動いているか、僕の動きに合わせてどう対応するか、ボールと相手の動きが全部イメージできていた。

本当に、全部。相手の動きが見えているから、僕はその裏をかけばいい。

そうやって何年もプレーしてきた。でも――。

この試合、そのイメージが、全く浮かばなかったのだ。

以来、ピッチの見え方がそれまでと違うものになった。もう、今は慣れているけれど、あれ以来〝映像が見えた〟ことは一度もない。

転機となった「靭帯断裂」をしたのは、1999年7月4日。シドニー五輪アジア1次予選のフィリピン戦のことだった。

前半31分、相手のスライディングタックルが斜め後方から思い切り入った。サッカーでいう、「削られた」。ピッチに倒れ込んだ瞬間、「ダメだ」と思った。直感的に、もうこの試合には出られない、と。

悪質なタックルだったと言った人もいたけれど、あれは僕のせいだ。

1次予選突破がすでに決まっている状況での一戦は、内容で圧倒していた。ケガをした時点で6対0。僕自身も1得点3アシストを決めている。

そういう状況に気が緩んでいたんだと思う。

右サイドのイチからパスを受けた僕は、左足でトラップをしようとした……のだけれど、ボールは思ったところに止まらなかった。相手からすれば、完全にボールがさらされた状況だ。それは勢いを持って奪いに来るだろう。

ケガを招いたのは自分のトラップミスが原因。普段なら絶対にありえないミスだったことを考えても、僕自身の気持ちの問題であり、そういう運命だ

©Reuters/ アフロ

1999年7月、フィリピン戦で大ケガを負う。「このケガ以降、今まで見えていたものが見えなくなってしまった」と小野は話す。

った、としか思えない。

もちろん、あのケガさえなければ、と思わないわけではない。悔しさも、ショックもあった。でも、それは「これから数カ月、好きなサッカーができない」ことが中心であって、誰かが期待するような挫折みたいなものだとは思っていない。

ただめちゃくちゃ痛かったことは確かだ。

実際、僕はあの日ホテルのトイレで倒れた。

血の巡りが悪かったのか、貧血か、それとも痛みが限界に来たのかわからないけれど、トイレに行った瞬間に目の前が真っ白になって、そのまま動けなくなった。血が通っていない感覚。付き添ってくれていたメディカルスタッフの人が「足を上げて！」と言って、少しずつ意識が戻ってきた。あのときは、本当にどうなることかと思った。

「このときのケガがなければ――」と言われることがよくあった。

その後に続く言葉はさまざまだけれど、だいたいどれも「小野伸二はもっとすごかった」という類《たぐい》のものだ。「ビッグクラブに行けていた」「もっと点を取れていた」「日本史上最高の選手になった」などなど。でも、どの言葉も僕にはピンとこない。

ケガをしたいとは全く思わないけれど、でも「そういう運命だった」「それだけの男だったんだ」と思っている。

もしかしたら僕の感じることと他の人が感じることはちょっと違っているのかもしれない。その点でちょっと面白かったのが、僕の人生においてなくてはならない存在であるヒラの言葉だ。

小学生の頃から知っていて、高校、そして浦和レッズで一緒にプレーをした。彼は僕のことならなんでも知っている。

そんなヒラに、この本を作るにあたって、改めて話を聞かせてもらった。ヒラは、記憶にある「僕がショックを受けていただろうシーン」として、この日のことを語ってくれた。いわく、「ケガのあと、ホテルの部屋に呼ばれて。やっぱりショックもあって、もしかしたら寂しかったんじゃないかな」と。

五輪予選、日本代表期間中のこと。

普通は関係者以外の人をホテルの部屋に入れてはいけない。それなのに呼んだのだから落ち込んでいたのかな……ヒラはそう思っていた。

でも僕の記憶はちょっと違う。

確かにあの日、僕はヒラたちを部屋に招いた。もちろん話をしたかったし、悔しかった。彼らと話せて心が落ち着いたし、会えて嬉しかった。

ただあの試合は、代表期間の最終試合で試合後にはもう解散していた。だから、ルールを破ってまで呼んだわけじゃない。

そして僕はケガをしていたから外に出られないし、することもない。何より、ヒラたちはわざわざ試合を観に来てくれていて、その後、ご飯を食べる約束もしていたと思う。僕にとって声を掛けるのは自然の流れだった。

そんなふうに、自分が思っていることと人が感じていることが違うことはよくある、と思っている。だから、過去のタラレバに振り回されることがないのかもしれない。

ケガはこれ以降もずっと僕のサッカー人生について回った。ヒラにはよく、選手名鑑の趣味のところに「手術って書いたら？」って言われていたくらいだった。

1999年／19歳

ヤモリ

「うわっ！」
その視線を追って、僕も思わず声が出そうになった。
ヤモリがいる……。
壁に張りついて、動かない。気味が悪いな……もう……。
そこらじゅうに蚊がいて、モトはダニがいるって言っていた。
ため息が漏れた。

こんなホテルの部屋に1週間もいるのか……。
肌寒かった日本と違って、めちゃくちゃ暑い。

なのに、クーラー禁止って……何を考えてるんだろう。

練習どころじゃないな、これ。

とりあえずユニフォームを洗わないと……。

蛇口をひねると真っ赤な水が流れ出した。

……もう、ユニフォームを洗うのもやめよう……。

ため息がまた、漏れた。

ワールドユースは2カ月後に迫っていた。

❖

1999年についてはもう少し、「天国」と「地獄」について書いておきたい。

プロに入ってからの僕は、すごく充実したサッカー生活を送れていたと思う。ケガをする7月までは、という注釈がつくのだけれど。

フランスワールドカップ出場。内容的には不完全燃焼で、全然試合も出られていない。何をしに行ったんだ、という悔しさもあったけれど、振り返ってみれば普通ではできない経験をさせてもらった。

浦和レッズの選手としてのプロ1年目も上々だったといえる。目指していた優勝には届かなかったけれど、前期7位、後期3位で総合は6位。僕自身は、9得点を挙げて新人王とJリーグベストイレブンに選んでもらった。

初ゴールは横浜フリューゲルス戦。福永（泰）さんがワンタッチで完璧なスルーパスをくれた。トラップして反転すると、ゴールキーパー（楢崎正剛《せいごう》さんだった）と1対1に。一旦、動きを止めてから、右サイドに流し込んだ。

この年、レッズにはバルセロナで活躍したスペイン人のベギリスタイン、ＰＳＶで優勝した翌年に加入したセルビア人のペトロヴィッチというトッププレイヤーがプレーしていた。彼らが見せてくれる「レベル」はものすごい刺激だった。ベギリスタインは本当にパスを出したいところにいてくれて、出してほしいところに出してくれる、サッカー人生でも会ったことがないくらい同じ感覚を持っていた選手だった。

ペトロヴィッチは最初は全然、パスをくれなかった。明らかに信頼されていなかった。それでも試合や練習を重ねるうちに、パスを出してくれるようになり、そして、サッカーについていろんなことを教えてくれるようになった。プロ1年目を終え、自分でもまあまあ通用するな、そんな手ごたえがあった。だから、2年目はもっといい成績を残してやろうって意気込んでいた。加えて、ナイジェリアで行われる20歳以下のメンバーで戦うワールドカップ、ワールドユースも楽しみだった。優勝しか目指さない、本気でそう思っていた。

1999年を「天国」といったひとつの理由は、最高のチームに出会えたことだ。

それが準優勝に終わったこのワールドユースである。メンバーはそのほとんどが高校時代から各カテゴリの日本代表で一緒にプレーした選手ばかりだった。イナやタカ、モトなど錚々《そうそう》たる選手たちである。

監督はフィリップ・トルシエ。フル代表の監督と兼任し、僕たちを鍛え上げてくれた。賛否両論あるタイプだけれど、僕には合った。

そしてワールドカップをはじめとしたＦＩＦＡが主催する大会で、すべての年代を通して日本サッカー界初の「決勝進出」を決めた。この準優勝という結果は、僕たちが「黄金世代」と呼ばれるようになる決定的な出来事だった気がしている。

個人的には準優勝という結果には満足していない。でも、僕のサッカー人生のなかで最高のチームを挙げろと言われれば、このチームを挙げる。そのくらい、充実したチームだった。

忘れられないのはトルシエの振る舞いだ。

トルシエはワールドユースがナイジェリアというなかなか行く機会のないアフリカ大陸で行われることもあって、ブルキナファソでの合宿を組んだ。ワールドユース開幕の2カ月前のことである。

これが過酷だった。朝から晩まである練習はもちろんのこと、精神的な部分においても僕たちを鍛えようとした。1週間ほどの合宿で、宿泊先は長い間使われていなかったホテル。合宿をする、ということで開けてくれたらしかった。

ヤモリ、蚊、ダニと、もう部屋中に生き物がいて、クーラーは禁止。自分たちでユニフォームを洗わなければいけないけれど、水道からは錆《さ》びた水しか出ない。もう、最初は本当に〝どうしよう……〟と思ったものだ。

ご飯もまともなものではなかったし、夜、眠れないからみんなタブレットの睡眠薬を飲んで無理やり寝た。でも、面白いことに人間は慣れるものだ。合宿後半になると僕は気にならなくなった。

トルシエはそうして「人間としてどうあるか」みたいなことを伝えるタイプだった。2カ月後のワールドユース本選でも、大会期間中にナイジェリアの児童養護施設に僕たちを連れていった。

もちろん大会を通したチームのパフォーマンスも素晴らしかった。僕自身はふがいないプレーがあったのだけれど、スタメン、控えの選手がこれほどまで一致団結したチームは今までも経験したことがない。

暑い大会だった。ベンチメンバーは試合に出ているメンバーの体調を気にかけ、彼らがベンチに戻れば濡れたタオルをすぐ持ってきてくれる。出ている選手はそんなメンバーのために責任を持って戦う。合宿先に戻れば、みん

累積警告で決勝のスペイン戦には出られなかったが、準優勝を果たしたワールドユースのチームには深い思い入れがあった。

©アフロ

なで日本のドラマのＤＶＤを観るなどものすごくいい雰囲気があった。

僕自身はキャプテンとして戦った。でも、チームを引っ張る必要なんてなかった。それぞれが、所属チームではキャプテンを経験してきた面々だ。個々が自然とチームの一員として行動してくれていた。

決勝はスペインに０対４で負けている。僕は出ていない。準決勝のウルグアイ戦でイエローカードをもらい、累積警告で出られなかったのだ。そのイエローがスローインによる遅延行為。今思い出しても、なんでスローインに向かったのか……（普通は、サイドバックの選手が担当する）。


最高のチームの結果だけ、書き残しておきたい。グループリーグ初戦はカメルーンに１対２で敗戦。内容的には日本のほうが良かったから尾を引くこともなかった。その後、アメリカに３対１、イングランドに２対０で勝って１位通過。イングランドは、圧倒できた。ラウンド16でポルトガルに１対１。ＰＫ戦で勝ち抜くと続くメキシコに２対０、ウルグアイに２対１で勝利。

運も良かったと思う。メキシコはアルゼンチンに、ウルグアイはブラジルに勝って僕たちと戦った。アルゼンチンかブラジル、どっちかのチームが来ていたら、メンタル的に構えたかもしれない。そういえばウルグアイにはフォルランがいて、メキシコにはラファエル・マルケスが、他にもブラジルのロナウジーニョやスペインのシャビ、カシージャスといった面々が出ていた。19歳で体験したこの素晴らしいチーム、素晴らしい対戦相手は、サッカーの楽しさをより強く伝えてくれた。まさに天国だった。

この年には僕の人生に欠かせない、素晴らしい出会いもあった。将来、妻となる千恵子と出会ったことだ。今日まで支えてくれた大切で尊敬できる人だ。

振り返っても1999年は濃密だった。天国と、ケガという地獄。追い打ちをかけるようにレッズはJ2に降格した。リハビリをしながら早く、チームを助けたいと思っていたけれど、できなかった。「(映像が) 見えなくなっていた」僕に、降格という現実は暗い影を落とした。

2001年／21歳

アッキー

どうやったらつながるんだ――?

オランダのフェイエノールトに移籍が決まり、引っ越しの荷造りは佳境だった。埼玉の家でヒラと千恵子と、準備を進める。

初めての海外でわからないことがたくさんある。

調べ物をしたいからパソコンをインターネットにつなぎたい……。

でも、そのやり方が全然わからなかった。

時間は22時近く。

どうしよう……3人で思案していたところにひとりの顔が浮かぶ。

「ちょっと、できるかもしれない人がいる」

電話をかけて、「インターネットをつなげてほしい」と伝えた。

「秋山さん、すぐ来てくれるって。これで大丈夫だ」

安心して、残りの荷造りを進めることにした。


ほどなくして、秋山さんはやってきた。

「すみません、遅い時間に」

そう言うと「全然、大丈夫!」と、明るい。

言うや、パソコンを開いて、せっせと設定を始めてくれた。

ありがたい……。荷造りはまだまだあった。

――だいたいの荷造りが終わったときには、24時に近づこうとしていた。

そうして、ふと気づいた。

「あれ、インターネットは……?」

お願いをしてから1時間以上が経っている。その間、一度も秋山さんの声を聞いていないことに思い至った。

秋山さんのほうへ顔を向けると、その様子がおかしかった。

そして僕らの視線に気づいたのかもしれない。秋山さんも僕を見て、思いつめたように言った。

「伸二くん、ごめん。できない」

つい、笑ってしまった。

「すみません、夜に。ありがとうございました」

そう言うと、秋山さんはそのまま東京へと帰っていった。

❖

のちに僕の代理人になり、今では多くのサッカー選手のサポート、代理人を務める秋山祐輔との出会いだ。

通称アッキーは、当時、ＡＤＫという広告代理店に勤めていて、この日の1年ほど前にマネジメントを含めたサポートをしたい、と申し出てくれていた。初めての挨拶は銀座だったと記憶している。

すぐに親交を深めたわけではなくて、電話をしたのもこの日が初めてだった。今みたいにＷｉ－Ｆｉで手軽にネットにつなげる時代ではない。電話回線を使った「ダイヤルアップ」という方法でようやくメールが送受信できた。

あの日のことをアッキーも鮮明に覚えていて、「小野伸二に呼ばれた、行くしかない！」と、意気込んでやってきたらしい。電話回線での接続だから、アッキーの住んでいる東京と、僕の住んでいた埼玉でもやり方が違う。だから、自宅で一回つないでみて、「何とかなるかも……でも、ミスしちゃダメだ」という覚悟でやってきたらしい。

ごめん、できない、って言われたとき、ヒラを含めて「何しに来たの！」って笑った。それは決して嘲笑《あざわら》ったとかじゃなくて、消沈する姿に一生懸命さを感じて、……5つ年上ではあるんだけれど、なんかこの人いいなぁと思って出てきた笑いだった。


これは今でも変わらないんだけれど、僕はすぐに人を信用しないタイプだ。みんなが笑顔でいてほしい、と思って周りを見渡すし、不快な思いをしないようにと気を配るけれど、だからといってすぐに仲良くなれるわけでもない。

でも、信用できる人だな、と感じることができれば、とことん信用する。

この類の話では（信用してもらうには）結果がすべてだ、という人がいるけれど、僕はちょっと違った。

むしろ、このときアッキーが、簡単にインターネットをつないでいたら「なんか騙《だま》されるかも」って思っていた気がする。

あれだけ頑張ってできなかったことで、「信用していい人」だと思えた。

そしてそれは間違っていなかった。

アッキーはこの6年後、ADKを辞めて独立する。

FIFAの代理人のライセンスを取ったことがきっかけで、僕の代理人をしてくれることになるのだけれど、アッキーにとっての代理人契約選手1号は僕じゃない。ヒラだ。

僕にとって大親友であるヒラの代理人をしているのに、僕にはなかなか声を掛けてこなかった。

アッキーは僕の代理人をやりたいはず。でも、それを口にしない……。

「俺の代理人をやりたいと思ってくれてるなら、やってほしいんだけれど」

口火を切ったのは僕のほうだ。

フェイエノールトから浦和レッズに戻り、ドイツワールドカップを戦ったあとのこと。僕とアッキーはモナコにいた。


のちに書くけれど、僕がサッカー人生でもっとも「落ちた」時期。ドイツワールドカップ直後で、敗退の傷をいやそうと数日立ち寄ったのだった。

アッキーは「え、俺でいいの？」と言った。

確かに、当時のアッキーは代理人になりたてで、海外移籍を実現させた経験もなかった。当の本人はそれを気にしているらしかった。

でも僕にとってそれはあんまり関係なかった。

サッカー人生を通して、自分がいかに出会いに恵まれてきたかを知っていた。だから、信頼できる人がいるなら、その人と一緒に笑顔でいたい。

その選択は僕にとって自然なことだったのだ。

1年後、アッキーはブンデスリーガ、ボーフムへの僕の移籍を実現させた。アッキーにとって初めての海外移籍。行って良かったと、心から思っている。

話は戻って引っ越しの準備。フェイエノールトへの移籍が決まってのことだった。前年の２０００年、Ｊ２に降格したレッズのキャプテンを任された。厳しく、そして温かいレッズのサポーターと一緒にサッカーができたことは何ものにも代えがたい経験だった。Ｊ２にもかかわらず、多くのサポーターが毎回スタジアムに来てくれていた。それがレッズのすごさだ。最終節、サガン鳥栖《とす》戦で延長Ｖゴールを土橋《つちはし》正樹さんが決めて２位に滑り込む。１年での昇格を達成した劇的な瞬間だった。

この年は、シドニー五輪もあった。コーチである山本昌邦《まさくに》さんから電話をもらって、バックアップメンバーでの帯同を打診された。

ワールドカップだろうが、Ｊリーグだろうが試合は試合というタイプだけれど、オリンピックだけはちょっと特別な感覚を持っていた。だからすごく出たかった。できればメンバーとして。でもＪ１昇格を目指すチームのキャプテンとして大事なシーズン中盤に抜けるわけにはいかなかった。昌邦さんにお断りの連絡をした。

昇格を達成した翌年（２００１年）すぐ、フェイエノールトから練習参加の打診があった。すぐにオランダに飛んで、練習をした。

誤解を恐れずにいうと「みんなうまくないな」と思った。結局それはウインターブレイク明けの練習だったということがあったんだけれど、ここならできるかなと思ったことは確かだ。

そして半年経って、正式なオファーをもらった。そろそろ新しい挑戦が必要だ、そう思っての決断だった。

about SHINJI from
秋山祐輔
何としてもボーフムに行ってもらいたかった

1974年生まれ。大学卒業後、広告代理店にてサッカービジネスに携わる。小野伸二選手のマネジメントや海外放映権の交渉、獲得業務に従事。2006年FIFA選手エージェント試験に合格し、エージェントとしての活動を開始。2007年SARCLE設立。主な契約アスリートは小野伸二、大迫勇也、乾貴士、南野拓実、上田綺世、鈴木唯人など。体操の橋本大輝や、引退後の内田篤人、平川忠亮などのサポートもしている。

この言葉を使うと、伸二自身は絶対否定するし、安っぽくも見えてしまうんですけれど……小野伸二は、ものすごくプロフェッショナルな選手で、そこにすごさがある。

たぶん、多くの人が抱く「プロフェッショナル」とは、いわゆる「プロ意識」があって、そこに圧倒的なパフォーマンスが備わっている、ということだと思います。伸二の場合、もちろんケガはありましたけれど、後者のパフォーマンスに疑いの余地はありませんでした。

それは僕が伸二と出会ったときからそうです。では、伸二のプロ意識は、というと、本人ははっきりとそれを否定します、「プロ意識は高くない」と。その心は、「サッカーを仕事だと思ったことがない」から。

加えて、彼がともにプレーしてきたなかで、先輩、後輩にかかわらずものすごくストイックにプロとしての意識を高く持った選手を知っているからかもしれません。伸二の清商の大先輩である川口能活さんなどはその代表例でしょう。

もっといえば、彼は自由な一面を持ち合わせています。例えば、最近はピッチでのパフォーマンスを向上させるために、プライベートでもトレーナーや栄養士をつけ、就寝時間など自己管理をしている若い選手も少なくありません。それに比べれば、伸二はプライベートでも楽しむことを優先します。寂しがりやだからお酒の時間が嫌いではありませんし、それを特段、制限するようなこともない。

また、前者のセルフマネジメントに長《た》けた選手たちは、個人の判断基準

さまざまな選手のキャリアに寄り添い続けている秋山氏。

をしっかりと持っています。目的のためのトレーニングをきちんと行い、コンディションに敏感で、自分の身体《からだ》の違和感に気づけます。だからケガなどがあったとき、自分自身と相談して出場の可否や復帰時期をはっきりと口にできます。

僕は選手の代理人ですから、選手たちがしっかりと個人のパフォーマンスを成長させる、良いキャリアにするための選択ができることを心強く、素晴らしいなと思っています。でも、その点でも伸二は逆なんです。本書のなかでも書かれていると思いますが、何度もケガを繰り返しました。その都度、伸二はすぐに復帰してきました。

例えば、1999年。靭帯を断裂する大ケガをします。彼のサッカー人生に大きな影響を与えた象徴的なシーンのひとつだと思います。伸二はこのケガから4カ月程度でシーズンに復帰しています。伸二自身は「いや、内側《ナイソク》はそんなに重くない」とか「サッカーが早くしたいじゃん」と言いますけど、キャリアを考えれば焦る必要はない。

選手によりますが、1999年のシーズンは復帰する必要はない、と判断する選択肢もあります。普通に考えれば、ワールドカップにも出たタレントで、若きプロ2年目。初めての重度のケガ。状況的にも、そのシーズンは断念して治療を優先し、万全にして翌年から頑張ろう、という選択が賢明なはずでした。

でも、伸二はピッチに戻ってきました。

いつも帰ってくるんです。そのために厳しいリハビリに耐える。誰より早く練習場に訪れる。何よりきついリハビリの間、誰にもその「つらさ」を漏らさないし、不満はおろか苦しんでいる姿すら見せません。

まだどこかに痛みがあるまま、万全な状態で戻ってこないのは良くないし、そのあともケガを繰り返しているから、プロ意識に欠けるのかもしれません。

けれど、伸二は帰ってきてから、チームを、チームメイトを救い、ファンを笑顔にしてきました。僕はここに、「伸二はプロフェッショナルですごい」という、他の選手とは違った一面を見ます。

正直いって、めちゃくちゃ大変なこともいっぱいあったサッカー人生だったと思っています。いつ辞めてもおかしくない。でも、いつだって辞めたくはないだろうな、と感じ続けていました。

周りの人はそれにほとんど気づいていないと思います。

いつも元気で、明るくて、気配りができる。サッカーがうまいだけじゃない。ダーツも、ビリヤードも、麻雀もなんでもできる。みんな勝てないからだんだん諦めるんですけど、僕だけは年上のプライドも含めて唯一、挑み続けました。いい対戦をしたはずです（笑）。でもね、最後は勝てない。勝てない上に、嫌な勝ち方をされる。みんなが不幸にならないくらいで終わらせるんですよ（笑）。

オランダに移籍するとき、ネットをつなげる作業ができなかった僕に「ありがとうございます」と言った、そのまんまの男です。

余談ですけれど、以降、ネットのつなぎ方は完璧にできるようになりました。新しいクライアント（選手）を困らせたことはないと思います。

そんな伸二が唯一、落ちていた時期があります。それは、僕自身目にしたことがない姿でした。あのときは、本当に「辞めちゃう」と思った。そして、僕なりにですが何とかしないといけない、と思ったことを覚えています。

僕と伸二の出会いは1999年の12月。高校時代からその存在はサッカーファンに知られ、1998年のワールドカップで全国区になりました。当時、広告代理店に勤めていた僕は、何とかしてこの希代のスターのサポートができないか、と会社に掛け合い、初めてアポイントをもらったのです。

当時から、気配りのできる人間性がありました。その後、フェイエノールトに移籍してからもサポートを続け、オランダにも何度も行っています。2006年3月に僕がFIFAの代理人の試験に合格して数カ月すると、正式に代理人となります。

なぜ伸二が落ちていたか。理由を聞いたことはありません。でも、いろんなことが重なっていた時期です。ドイツワールドカップでの敗戦、浦和レッズでは常にスタメンで出られる状況ではなかった……その間、リーグ制覇や天皇杯優勝、そしてアジアチャンピオンズリーグ優勝という素晴らしい結果も出しています。

ただ、どこか自暴自棄《じき》でサッカーに向き合えていないなと感じていました。難しいのは、プレーも全然、悪くないこと。でも、それは僕の目には「それでもできちゃってる」というふうに映りました。

何より、ピッチに向かう伸二が楽しそうに見えなかった。それが「小野伸二」というサッカー選手にとってどれだけ危機的なことか……そばに長くいればいるほどわかります。

本当に引退しちゃうかもしれない。

その思いが僕のなかでどんどん大きくなっていきます。「サッカーに集中しろよ」と言うのは簡単でした。でも、伸二だってそんなことはわかっている。「集中したいけれどできない」「サッカーは好き、だけどうまく表現できない」、そんな状態だった。

僕ができることは「プレーする場所を変える」ということでした。

2007年の年末だったと思います。ブンデスリーガのボーフムが興味を示してくれました。そして、この移籍は何としても実現しないといけない、と思いました。

誤解を恐れずにいえば、ボーフムはそんなに大きなクラブではありません。当時も1部残留をギリギリ決めるクラブでした。伸二からすれば、魅力的なオファーだったとはいえないかもしれない。

それで実際に練習に参加してもらおうと、ドイツに飛びました。

これも偶然なんですけれど、この出発にはもうひとつのハードルがあって、それが親友である平川忠亮の結婚式と被っていたことです。伸二は、サッカーも大好きだけど、信頼できる友人や家族のことを何より大事にするタイプです。

だから、ドイツに行く日が忠亮の結婚式だ、って知ったときはさすがに怒っていた。「ずらせないの?」「(ドイツ)行かなくてもいいよ」

でも、ここだけは譲れなかった。まだ28歳、誰もが知る天才プレイヤーで、何より人間的にも信頼できてこれからの世代の見本となるような選手です。ここで辞めさせてはいけない、という思いが勝った。

「ごめん、どうしてもずらせない。来てほしい」

何とか説得して、練習に参加してもらいます。結局、2日だけ練習に参加し、その後、実際に契約することになります。

あの移籍が今の伸二にとってどういう影響があったのか、それは僕に測れないところがあります。でも、個人的には……あれしか手がなかった。以降、15シーズンもともにできたことに、少しでもこの日が影響してくれていたらいいな、と思います。

20代前半でUEFAカップ優勝を経験した日本人、小野伸二はこのドイツで2シーズン半を過ごし、その後、海外への移籍はオーストラリアのウエスタン・シドニーの2シーズンにとどまります。

20代前半は僕が代理人ではありませんでしたが、当時からもっといいクラブに行けたのでは？　という声はよくありました。

僕が難しいな、と思ったのは、「戦術が雑なチームほど伸二を欲しがる」という点です。理由は簡単で、伸二がいればチームが成立してしまうから。逆に戦術がしっかりしているクラブだと、そこに当てはまる候補は何人か存在していて、移籍はそのなかでクラブや監督がどう判断するか、になるんですが、「曖昧なチーム」ほど伸二が欲しいんです。

でも、伸二はそういうチームを心から望んでいたわけじゃなかったはず。バルセロナのような「楽しい」サッカーに憧れがあったと思います。

実際にそういうクラブへの移籍は実現せず、伸二はその点でもモチベーションを含めて難しい時間を過ごしていたはずです。でも、不満ひとつ言わず、本当に楽しそうにピッチに向かってくれていた。２００６、07年に感じた姿はありませんでした。

きっと僕の思いや、チームメイトの思いを汲《く》んでくれたところもあったんじゃないかな、と思っています。

そういうところが、伸二らしいし、何よりプロフェッショナルですごい。

伸二とは何度も食事をしてきましたけれど、ボーフムで初試合（途中出場で2アシスト！）を終えたあとの祝杯は――メキシカンだったんですけれど――忘れられない一コマです。

2002年／22歳

PK戦

肩にかけていたジャージを放り、まっすぐ歩く。

途中、ピッチに転がっていたボールを手に取り、足元に落とした。

そのままリフティングをして進む。1、2、3、4、5、6、7、8……。

9回目のキックでボールを手に取り、ペナルティボックスに置いた。

PK戦は一番手が大事だ。

（相手）PSVの一番手、アルノルトはしっかりと決めている。

だからこそ、いい決め方をしなきゃいけない。みんなに自信を持って蹴ってもらうためにも……。

ゴールキーパーのロナルトがゴール前にやってきて、構えた。
いつでも大丈夫。
レフェリー、ホイッスルを吹いて。
チラッと見る。
吹かない。もう一度、レフェリーを見る。
ホイッスルを口にし、ピッと鳴らした。
1秒間。
ゆっくりと駆け出す。1、2、3、4、5。
右足のインサイドでゴール左側へ蹴り込んだ。
ボールはロナルトが倒れ込んだ手の先。
歓声が聞こえ、右手のこぶしが自然と上がった。
ゴールネットを揺らすたび、スタジアムも揺れている。緊張で胸が高鳴った。
あとひとり、次の（ファン・）ホーイドンクが決めれば、準決勝進出……。

背にした9番がボールを持ったとき、思わず目をつぶり、天に祈った。

ホーイドンクがPKを決めたあとの喜びは忘れられない。

✣

UEFAカップの準々決勝。

僕は、現在はヨーロッパリーグとその名が変わっている、ヨーロッパ中の上位クラブが戦う大会にオランダ移籍1年目に出場する幸運に恵まれた。サッカーファンならなじみがあるだろう、世界最高水準の大会であるUEFAチャンピオンズリーグ。その次にレベルが高いのがヨーロッパリーグだ。

加えて幸せなことに、この年のUEFAカップの決勝はフェイエノールトの本拠地「デ・カイプ」で行われることになっていた。

そんなこともあってチームも「絶対に決勝に行く、デ・カイプでプレーする」という強い意志に溢れていた。

実際、チームは破竹の勢いで勝ち進んでいた。僕自身、3回戦のフライブルク戦では決勝ゴールを決めることができたし、レギュラーとして手ごたえ

ヨーロッパリーグを制覇して喜ぶ
小野。移籍1年目のインパクト
は強烈だった。

©PICS UNITED/アフロ

のあるパフォーマンスができていたと思う。

そして優勝まであと3つのところ、準々決勝で対戦したのが、オランダリーグのライバルでもあるPSVだった。


2002年3月15日、準々決勝のファーストレグはアウェイ、PSVの本拠地であるフィリップス・スタディオンで行われた。

試合はすごい雰囲気のなか、本当に緊迫したものになる。

前半45分、まもなくハーフタイムというタイミングで僕たちのエース・ホーイドンクが先制点を挙げる。相手の攻撃からボールを奪取、大きく蹴ったボールに対して、（ヨン・ダール・）トマソンがうまく相手と入れ替わりゴールキーパーと1対1となる。トマソンのシュートはキーパーに弾かれたけれど、そこにホーイドンクがいた。難しい浮き球のボールを、ペナルティエリアの外からゴールに蹴り込んだ。

いい時間帯の先制点……けれど、後半開始早々に僕たちは追いつかれる。

PSVのフォワード、（マテヤ・）ケジュマンがトマソンと同じように、大きく蹴り上げたボールにいち早く追いつき、冷静に同点ゴールを決めた。

とにかく激しい試合だった。

僕がマッチアップするのはPSVのキャプテン、ファン・ボメル。のちにバルセロナ、バイエルン、ACミランでプレーするトッププレイヤーで、対戦してみてもそのすごさはすぐわかった。ボールのないところでは気さくに話しかけてくるのに、ボールを受けるとすごい勢いで削ってくる。

侮れない……というか、油断したらやられる。

チームとして戦うことを意識していたから、彼ひとりにフォーカスしていたわけではなかったけれど、素晴らしい対戦相手だったと思う。

この試合を1対1で引き分け、セカンドレグは3月22日だった。

先制点は、そのファン・ボメル。ものすごいミドルシュートを決められた。75分のことだ。実は僕はこの彼のゴールをあまり覚えていない。というのも、同点ゴールが劇的すぎたからだ。

ファン・ボメルに決められたことで合計スコアは1対2となり、僕たちは敗退寸前だった。時間は進み、アディショナルタイム（当時はまだロスタイムといった）。残り1分もあっただろうか……必死に攻め続けた僕たちは、右サイドの高い位置でボールを奪い、そのままクロス。ホーイドンクが頭で決めた。滞空時間の長いヘディングゴール。

デ・カイプの雰囲気はすごいことになっていた。あのゴールは衝撃的で、今も忘れることができない。

2戦合計2対2となり、延長戦もスコアレス。そして冒頭に紹介したＰＫ戦に突入した。

1番手のキッカーだった僕が考えていたのは、とにかくリラックスして蹴ること、そしてチームメイトにプレッシャーがかからない状況を作ることだった。

リフティングをしながら向かったのは、あとから聞いて知ったことで完全に無意識だ。あえてやったわけじゃない。いつもの、リラックスしたときのルーティンだったのかもしれない。

でも、多くのチームメイトが「あれでリラックスできたよ」と言ってくれた。その効果があったかはわからないけれど、フェイエノールトは全選手がＰＫを決め、５対４で勝った。

ホーイドンクが決めたあの最後のＰＫはよく覚えている。

後ろから彼の背中を見て、目をつぶり、天に向かって祈った。


最終的に僕たちはＵＥＦＡカップ制覇を果たした。

準決勝ではインテルに、決勝ではドルトムントに勝った試合は、どれも体験したことのないレベルの戦いだった。

２０２１－22にドイツのフランクフルトが優勝したときのメンバーに長谷部誠選手と鎌田大地選手がいた。ヨーロッパの主要大会で優勝した日本人は、そのふたりを合わせた３人しかいないらしい。

2002年／22歳
日韓ワールドカップ

まだ、まだ着かないの……。

やばい、本当に、やばい、痛い、痛すぎる……。磐田から掛川に。そこから新幹線に乗って……、まだ、神奈川県にも入っていない……。

うずく右下腹部の痛みは限界まで来ていた。

「よく我慢してたね、これ」

さっき聞いたドクターの言葉が脳内に蘇った。

「すぐ切らなきゃ、危ないよ」

切ったら治る。でも、10日は入院が必要らしい。

――先生、それじゃあワールドカップに間に合わない。

困ったドクターの顔を見て、途方に暮れた。

ちょっと考えて、僕はかかりつけの——靭帯断裂の手術をしてもらった、仁賀《にが》（定雄）先生に電話をした。

——虫垂炎《ちゅうすいえん》で、破裂寸前らしいです。でも手術はしたくない。どうにかなりませんか。話すのも精いっぱい。先生は言った。

「もしかしたら散らせるかもしれない、今すぐ来れる？」

電車に乗ったはいいものの、今にも倒れそうだ。

今どこだ？　川口工業総合病院の最寄り駅、川口元郷《かわぐちもとごう》まで、まだ2時間近くかかりそうだった。

本当に、死ぬかも——。

❖

2002年に行われた日韓ワールドカップは、僕にとって2度目のワールドカップだ。

オランダでの初シーズンはリーグ3位で終えた。リーグ戦、30試合に出場して3得点。それ以外にも国内カップ戦、優勝したUEFAカップ、そして日本代表と50試合以上を戦った。正直、疲労でコンディションは最悪だった。加えて5月の中旬くらいからお腹の痛みを感じ始めていた。

メンバー発表が17日、25日にはワールドカップに向けた壮行会があって国立競技場でスウェーデンと試合をした。本番を想定して、合宿地である静岡の「北の丸」から移動をし、試合をしてまた北の丸に戻るという日程だった。

そのスウェーデン戦。本大会初戦のベルギー戦まで10日を切ったテストマッチは、先発をしたけれど、体調がすぐれず56分で交代した。そこからは3日のオフ――、僕の下腹部の痛みは限界を迎える。壮行会の内容は全く頭に入らず、立っているのが精いっぱい。チームドクターに病院に連れていってくれ、と懇願した。

すぐに対応してくれたチームドクターと磐田の病院に向かった。診断は虫垂炎だった。正直「そうかもな」という予感はあった。2カ月前の欧州遠征で西澤（明訓《あきのり》）さんが虫垂炎にかかっていて、それと症状が全くといっていいほど同じだった。微熱が続いて、お腹が痛い……。

診断を聞いてまず頭に浮かんだのは、ワールドカップに出られないかもしれない、という現実だった。スウェーデン戦での途中交代は自分から申し出ていた。その後、病院に行く際にトルシエ監督から「何もなかったら絶対に選ぶから安心しろ」と言われていた。

でも、何かあった。このままじゃ出られない……、藁《わら》にもすがる思いで連絡したのが靭帯断裂の手術をしてくれた仁賀先生だった。仁賀先生は、2003年から2011年まで浦和レッズにも帯同してくれたスポーツドクターだ。

先生が病院内でいろいろと掛け合ってくれたらしい。「もしかすると薬で散らせるかもしれないから、すぐに来るように」と言われた。そこから僕は、ひとりで電車を乗り継いで川口工業総合病院に向かった。

あの電車移動は、本当にしんどかった。大荷物を持って、痛みに耐え、ずっと「まだ着かない……」「救急車を呼んでほしい」と思いながら移動した。

ようやく到着して、検査をしてそのまま3日間、薬の入った点滴を入れ続けた。最終的に僕は間に合った。薬で痛みはなくなり、代表に合流できた。虫垂炎は、ワールドカップが終わって2日後に手術をして、完治させた。

このワールドカップを振り返れば、やっぱりサッカーはサッカーだなって感じた。ものすごい盛り上がりで、注目もされた。一方で、日本で試合ができたことや、アジア予選が免除されていた点でどこか特例な印象もある。でもいざ試合が始まれば、「11対11でゴールを決め合う」ものであることは変わらない。ゴールを決め合うなかで、どうやって相手を騙せるか、いかにして観ている人たちを楽しませられるか。

そんな瞬間が来るのが楽しみで仕方がない。サッカーが明日もできる、あの「晴れているかな」ってカーテンを開けるときの気持ちのまんまだった。

もちろん、それぞれの試合を見ればもっとできたな、もったいなかったな、と思うこともある。

日韓ワールドカップでは主力として活躍。ベルギー戦で鈴木隆行のゴールを呼び込んだ、縦パスは見事だった。

© 日刊スポーツ/アフロ

すさまじい「ニッポンコール」のなか、初戦のベルギー戦はウィルモッツにオーバーヘッドシュートを決められ、先制された。その2分後、左サイドでボールを持った僕はディフェンスラインの裏へとボールを蹴る。相手ディフェンダーふたりを振り切った(鈴木)隆行さんがつま先で同点ゴールを決めた。あれに走ってくれるのは隆行さんくらいしかいない、そう思って蹴った。でも、他にフリーキックのチャンスもあったし、もっと相手を翻弄《ほんろう》できた。もっと楽しんでもらえたはずだ。イナ（稲本潤一）の逆点ゴールは僕の交代直後。結局2対2の同点だった。

1対0で勝ったロシア戦も、2対0で勝ったチュニジア戦もすべて先発で出させてもらったけれど、もっといいサッカーができたかもしれない、という思いがある。

ベスト8をかけたトルコ戦はメンバー自体が大きく変わった。結果的に敗退（0対1）することで、スタメンを変えたことに批判も集まった。個人的にも、もし、グループリーグと同じメンバーだったらどうなっただろう？と思ったことは確かだ。

でも、それもサッカーなのだ。11人をどう選ぶか。監督には間違いなくそこに意図があって、それで勝てると思ったメンバーを送り出している。だからそこで結果が出せなかったことが悔しかった。たとえグループリーグと同じ選手が出ていても、勝てたかわからない。その点でいえば、僕たちがサッカーで負けただけだった。

トルちゃん、監督のトルシエは本当に見たこともないタイプの指導者だった。今だったら絶対にできないスタイルで、選手たちに激しく詰め寄ったり、ビブスをびりびりに破ったりと、まあ、その行動は本当にすごかった。

でも、僕にとっては最高の監督のひとりだ。気が合ったし、すごく信頼してもらったことを感じていた。

当日のメンバー発表までスタメンがわからないシステムは、チームのなかに緊張感を生んだ。一方で、それを緩衝《かんしょう》させるために、ベテランのゴンさん（中山雅史）と秋田（豊）さんを呼んで、雰囲気を和らげてくれた。この大先輩であるふたりの行動はすごく勉強になった。年齢が上で、サプライズ的な選出だったけれど、「絶対に俺がスタメンを取るんだ」という気概で練習からバシバシプレーしているのだ。そして、声掛けでチームを和ませる。

もし2006年のドイツワールドカップにもふたりのような存在がいたら――今、振り返るとそう思わざるをえない。

トルちゃんはそれだけじゃなく、事前のキャンプを含めものすごく細部に気を遣ってくれていた。

先に書いた「北の丸」を合宿地に選んだのは、僕たちが少しでも集中できる環境を作るため。ものすごい山の奥の、トンネルをくぐってようやく着くような場所に、料亭のように豪華なキャンプ地を作ってくれた。

ものすごい雰囲気だった日本中と隔離された空間は、きつい練習を耐え、ワールドカップに向かう僕らにとってはこの上ない環境だった。

息抜きも上手に設定されていて、ある日は家族を連れてきてもいい、という日を作り、ある日は無《ぶ》礼講《れいこう》のようなバーベキュー大会を開いてくれた。僕自身も、ビリヤード台が欲しい、とオーダーしたら入れてくれた。

僕は虫垂炎の入院でバーベキューには出られなかったけれど、ビリヤードは大会期間中ずっとやっていた。すごくいいリフレッシュになっていたと思う。

このワールドカップでサッカーをもっと好きになってくれた日本人も多かったと思う。国がひとつになれた、という点ではやっぱり偉大なイベントだった。僕が大好きなサッカー、11対11は楽しいものだから。

2003年／23歳

愛のある批判

シーズンが開幕した8月、まだまだ暑い日が続いていた。フェイエノールトの調子も僕の調子も決して悪くない。

……イライラするな、これ……。

前日書いたブログ。たくさんついたコメントのなかに、僕に足りないプレーが長々と書かれているものがあった。

「公開ダメ出しじゃん」全部、目を通して独り言《ご》ちた。

イライラは他の心あるコメントを見て落ち着かせた。

海外でのプレーを日本のサッカーファンが観られる機会は限られる。だからこそ、できる限り書こうと続けているこのブログは、ちょっとした息抜きでもあった。

「頑張ってください」とか「あのプレーが良かったです」とか、応援してくれるものが99％。それを読むと、モチベーションも上がった。

だけれど、ひとりだけいつも僕のダメなところを指摘する人がいる。

ポジティブな99％の投稿を打ち消すくらいダメージがあった。

「毎回、毎回、よくこんなに批判が思いつくな」


オランダでの毎日は充実していた。

夏は23時くらいまで明るい、白夜みたいな雰囲気がある。代わりに冬は、どんよりとした天気が続く。

そろそろ寝ないと。外はまだ明るい。もう23時になる。

❖

オランダの南ホラント州にあるロッテルダムは、フェイエノールト以外にふたつのプロサッカークラブがある。スパルタ・ロッテルダムとＳＢＶエクセルシオール。サッカー熱の高いこの地で5シーズンを過ごした記憶は、僕にとってとても大きかった。

いつも満員のスタジアム、「フェイエノールト・スタジアム」はみんなが「デ・カイプ」と呼んだ。オランダ語で「桶」を意味する場所に集まるサポーターは、その歓声が「サッカーを理解している」と感じさせてくれるものだった。

歓声、拍手、ため息……それらが発せられるプレーは、「そこを見てくれているのか」と嬉しく感じた。特にすごいな、と思ったのはアウェイでの試合だ。ホームチームの選手を後押しすることが一般的なのに、こちらがいいプレーをすると、歓声や拍手が起きた。味方だろうが、相手だろうが、いいプレーを褒める、楽しむ――そんな文化が根づいているのは、とても新鮮だった。

ちなみに、フェイエノールトは宮市亮選手（現・横浜F・マリノス）もプレーしたし、今は上田綺世《あやせ》選手がいるから注目してみてもらいたい。

そのオランダに移籍してから、僕はブログを始めた。インターネットの接続に躍起になるくらい、そしてオランダから電話をするとどこにかけてもすごい金額になるほど「情報」が貴重な時代。

日本にいたときのように毎試合、多くの記者が来てくれるわけではない。できるだけ自分から発信ができるように——喜んでくれる人がいるかもしれないと書き始めた。

そこで、批判的なコメントと出会うことになる。

毎回、ほんっとうに長い、僕のプレーへの批評が綴《つづ》られていた。なんでこんなことを書くんだろう……わざわざ、批判するなんて……。

ずっとそう思って見ていた。

ずいぶん嫌な思いをした。

でも、必ず最後まで読んだ。

そして「わかってるよ、そんなこと」と思ったときに気づいた。

この人、めちゃくちゃ細かく見ている。そして、もしかしたら、僕より僕のことを知っているかもしれない……。

誰だって、自分を否定されるのは嫌なものだ。当時の僕がそうだったように、それを受け入れるのは簡単ではない。

でもこのブログの一件から、そうやって「言ってくれる」人、「批判してくれる」人こそが大事なんじゃないか、と思うようになった。以来、いろんなこと、批判も含め指摘をされても「そういう意見もあるのか」「この指摘点は直そう」と思えるようになった。

誤解されないように伝えておくけれど、これは本当に自分のことを考えてくれている人、見てくれている人の意見に対してであって、決して誹謗中傷《ひぼうちゅうしょう》を容認しているわけじゃない。アンチといわれるような人のコメントは、許されるものではない。


そうやっていろんな人が、いろんな意見を持っていることを知ると、見える世界も変わってくる。というか、人にやさしくなれる気がする。

オランダに来て変わったことのひとつに、人とのかかわり方がある。

高校時代の僕は、チームメイトに言いたいことを言うタイプの選手だった。

ここにパスを出せ、みたいな口調を同級生や後輩はもちろん、ひとつ上くらいだったら先輩に対しても言えた。

サッカーにおいては、特にピッチ上では上下関係はない。だから、言いたいことは言うべきだし、伝える必要がある。ただ、もしかしたら当時は、必要以上にそういうことを言っていたんじゃないかな、と思う。

そういう「言いたいことを言う」スタイルが変わっていったのが、プロ選手になってからで、特に大きかったのがフェイエノールトでのプレーだった。何かを強く言うと、呼応するように、チームに波及していく。いいことばかりではなかった。

そして、いつからか「自分が我慢すればいい」ことに気づく。本当は腹が立つほど言いたいことがあっても、言わない。伝えたとしても強く言わず、その人の思いや立場を考えてわかってもらえるようにする。

それがいいか悪いかはわからない。はっきりとものを言わないのが日本人で、それが「世界との違い」「日本人に足りないもの」と言われることもある。でも、わざわざ外国人選手のようにあんなきつい口調で言う必要もないんじゃないか、と思う。

そっちのほうがチームであれ、一緒にいる仲間であれ、嬉しいんじゃないかな、と。「やさしさ」はそういうものなんじゃないかな、と思っている。

2004年／24歳
ザ・キャプテン

やっぱり、時間が足りなかったのかな。
やりがいはあったけれど……、チームメイトは楽しめただろうか。
（那須《なす》）大亮《だいすけ》のミス、俺がもうちょっとフォローできていたら。
（鈴木）啓太が残っていたほうが良かったのかなあ……。
みんなとうまく会話、できていたかなあ……。

すでにオランダはリーグ戦が始まっていた。
2001年に移籍して以来、ずっと監督を務めていたファン・マルワイクはドイツのドルトムントへ。新しい監督はルート・フリット。バロンドールを受賞したこともあるオランダのレジェンドと今シーズンを戦う。

フリットは、練習にめっちゃ参加してくる。

そして、やっぱりうまい。

でも、フェイエノールトは、結構違うチームになっちゃったな。監督との関係をもう少しうまく作っていかないといけないないし、チームへの合流が遅れた分を、取り戻さないといけない。

❖

アテネ五輪で始まった、というべきか、アテネ五輪で終わって新たなシーズンを迎えた、というべきか、微妙なところだけれど、とにもかくにもオランダに移籍して4シーズン目となる2004年は、自分のなかでも考えることが多い一年だった。

アテネ五輪があり、オーバーエイジで招集された。五輪代表監督の（山本）昌邦さんは、トルシエ監督とともに戦ってきたコーチのひとり。その昌邦さんに「オーバーエイジで出てほしい」と言われたとあれば、断る理由はなかった。

4年前のシドニー五輪、僕は日本代表に選ばれていない。前に書いたように「バックアップメンバー」として声を掛けてもらったけれど、ケガとJ2に落ちたばかりの浦和レッズでキャプテンをやっていたこともあって、辞退させてもらった。

前回逃した五輪に出られるチャンス。しかも、長年一緒にやってきたタカとソガもオーバーエイジで選ばれていた。一緒にできることをとても楽しみにしていたけれど、結果的には責任を多く感じる大会になった。


あくまで僕自身の感覚だけれど、オーバーエイジのメンバーと他の選手が短い時間しかすり合わせができないのであれば、オーバーエイジという制度を活用するかどうかは、しっかりと考えたほうがいいと思っている。絶対に反対、とも思わないけれど諸手《もろて》を挙げて賛成ともいえない、それが振り返って思う僕の考えだ。

初戦のパラグアイ戦は8月12日。けれど、僕が日本代表に合流できたのが8月3日だった。オランダでプレーしていた僕にとって、ほとんどが初めて一緒に戦うメンバーだ。チームとしてすり合わせる時間は1週間ちょっとしかない。加えて、タカがエコノミー症候群にかかり、出場できない事態に直面した。

短い時間のなかでなるべく多くの選手とコミュニケーションを取ることを心がけた。最初は、明らかに「テレビの中の人」として接せられているようだった。少しずつ、そういった違和感みたいなものは薄れていったけれど、もっと時間があればと思ったのは正直なところだ。

この大会、五輪の出場権を得るための戦いの中心にいたキャプテン・啓太が本大会のメンバーから落選していた。メダル獲得を目標にしていたけれど、パラグアイに3対4、イタリアに2対3と連敗し、この時点で僕たちの目標は叶《かな》わぬものとなった。最終戦、ガーナには1対0と勝利したけど、1勝2敗という結果に僕自身は、自分じゃなくてずっと戦ってきたキャプテンがい

©AP/アフロ

フランスの至宝、ジダンと競り合う小野伸二。フェイエノールト時代には数多くのインパクトを残した。

れば違った結果になったんじゃないか、と感じていた。

代わりにキャプテンになった(那須)大亮もプレッシャーを感じていたはずだった。初戦の失点に絡んでしまった彼をフォローし切れなかった悔いもある。

その後、ピッチに立つことがなかった大亮に代わって僕はキャプテンマークを巻いた。各年代の代表で何度もその大役を担ったことがあるけれど、ぐいぐい引っ張るタイプではなかった。自分が本当に適任だったのか、と今でもふがいない思いがある。


キャプテンを考えるとき、真っ先に頭に浮かぶのがフェイエノールトでともにプレーしたボスフェルトだ。ボランチとしてコンビを組んだ仲でもある。彼は、「ザ・キャプテン」だった。ピッチに立てばこれ以上、頼りになる存在はいない。そもそも技術的にもうまく、そのシュートには何度も舌を巻いた。それでいて身体が強く、ファイター。危険を察知すれば最初に身を挺《てい》して守る。

ピッチを離れたときのギャップも魅力的だった。食事中はだいたい悪さをしている。あるとき、肉に塩をかけようとした選手が皿に全部の塩をぶちまけた。キャップが開いていたのだ。ボスフェルトが大笑いしていた。

他にも清商《キヨシヨウ》時代の松原忠明さんもサッカーに対して熱い人だった。先に書いた「ダービー」で、1年生と一緒に残ろうとする僕を、そういう問題じゃないと連れ出してくれた人だ。

たくさんのキャプテンと出会い、自分自身もその役を担い、難しさを知っているからこそ、そういう人たちを周囲も大事にすることが必要だと思う。

アテネ五輪を経てからの新シーズンは、新監督ルート・フリットのサッカーを知るところから始まった。残念だったのは僕自身のケガが増えてしまったことだ。特にこのシーズン、そして翌シーズンも多かった。

あの頃はいつも「早くピッチに戻りたい」と思い続けていた。

チームも大きく変化していった。それとともに僕の心境も少しずつ変わっていく。

先にも述べたように、まず監督が代わった。長く一緒にやってきたファン・マルワイクがドルトムントへ。ロッカールームが隣で「お前がボールを持ったら必ず走り出すから」と言ってくれたトマソンはミランに、UEFAカップで圧巻のプレーを見せたファン・ホーイドンクはフェネルバフチェに、若かったファン・ペルシはアーセナルへ行き、のちにプレミアリーグの得点王に2度もなっている。

そしてザ・キャプテン。ボスフェルトはマンチェスター・シティへと移籍していった。多くの選手が大きなリーグへとステップアップした。

徐々に変わっていくメンバー、チームの姿に僕自身も、「移籍」がチラついていた。スペインのリーガに行ってバルセロナでプレーができたらどんなに楽しいんだろう……。違う環境で、新しいサッカーをやってみたい。

それはいつだって僕の心にある思い。誤解してほしくないけれど、そのチームが嫌だったりモチベーションが下がったりすることはない。だって大好きなサッカーができるのだから。

当時、僕の移籍話はそれなりにメディアを賑《にぎ》わせていて、それこそバルセロナからオファーがあった、みたいな言われ方をしたこともある。でも実際にはオファーはなかった。

このチームに行きたい、とかそういった思いはなかった。ただ、いつも想像していたのは、あのチームの一員になったら楽しいだろうな、ということ。そのレベルが今より高いところであればなお良かった。

about SHINJI from

小野千恵子

やりきってくれて、本当に良かった

神奈川県出身。大学在学時代に、雑誌「JJ」の専属モデルを務めていた。小野伸二との結婚を機に引退し、選手生活を支えた。2女の母。2018年にモデルとして復帰。現在は雑誌「STORY」のモデルを務めながら、「大型犬にもfashionを！」がコンセプトのブランド「Lauw（ラウー）」のディレクターを務める。@chieko_0605

UEFAカップで優勝。

移籍が決まり、オランダに一緒についていく、ということになってから1年も経たないうちにそんな素晴らしい経験をさせてもらいました。

あの瞬間のスタジアムの雰囲気にすごく感動したことを覚えています。

それだけではなくて、その後のパーティーも華やかで、周りには素晴らしい選手たちとその奥様たちがドレスアップしていた。選手だけではなくて、家族に対してもリスペクトを感じられて……。

ああ、日本でもなく、オランダだけでもない、ヨーロッパのトップレベルの大会で優勝したんだ、と伸二くんが誇らしかった。

当時のわたしは22歳で学生でした。いま思うと、若かったからこそできた決断だったな、と思います（笑）。


現在と違って、SNSもなくインターネットにつなぐのにもかなりのお金がかかる状況。例えば、日本の食材がどこに売っているかなんてわかりません。数少ないオランダに住む日本の知り合いに聞いて、1時間かけて買い出しをする、なんてことはふつうでした。

「大変だったでしょ？」って、聞かれたことがあるのですが、全然、苦ではなかったんです。きっと、それまでまともに食事を作ったり、買い出しをしたり、っていう経験がなかったから、そんなもんなんだ、って思っていたんだと思います。

そもそも伸二くんのオランダ移籍が決まったとき、自分も一緒に行くなんて思ってもいなかったんです。「来てほしい」と言われてびっくりしたけれど、それでも、オランダに行く自分は想像できませんでした。

笑顔が印象的な小野ファミリー。

後押ししてくれたのは、両親です。「あれほどの選手が必要としてくれているんだから、あなたが力になってあげなさい」って。

力になれたかわからないですけれど、5年いたオランダは娘が生まれた場所でもあるし、またいつか家族で行きたい場所です。あれ以来、娘が本当に小さいときに一度行ったきりだから。

こうやって伸二くんが本を出すことになり、みなさんが知らない一面を——と考えるんですが、なかなか出てこないんですね。誰に対しても、気遣いができる人。視野が広い。明るい。サッカーが大好き。……いいパパ（笑）。たぶん誰もが感じられているような「小野伸二」こそが伸二くんでした。

強いて言うと、ちょっと気を遣いすぎて、逆にそれが周りの人のプレッシャーになってない？　なんて思うことがあるかな。

あと、せっかち！　1時間でも時間が空くとそれを埋めたがる。少しくらいダラダラして、ゆっくり過ごせばいいのに、って思うことはありますね。

そういえば、お付き合いしている頃、普通に街中を歩いていても「あそこにカメラがあるから」って、パパラッチ的な存在に気づいちゃう。やっぱり視野は広いんです。


ずっとサッカーをしてきて、もうそれが伸二くんの人生のほとんどすべてだったと思います。

つらかったのはケガがあって、そのサッカーに対して「本当はもっとこうできたのに」って感じてしまっていただろうところ。大好きなことを全力でやりたいけれど、それができない状態。ここさえ痛くなければこういうプレーができるのに、できない……そんなときには心の中に、私には想像できないほどの苦しさがあったんじゃないかな、と思っています。

だから、ここ数年ずっと引退が近いことを感じていました。伸二くんがそれを漏らすこともありました。そういうとき、寂しさはあったけど、それ以上に「人のため」とか「妥協して」とか、そんな思いでその決断をしないでほしい。ここまで来たら、伸二くんの自由に、好きなようにやり切ってほしかった。

その意味では、これ以上はできないってくらいまでピッチに毎日通えたのは、本当に良かったのだと思います。

これからの伸二くんはまったく想像できない。でも、きっとボールはいつも近くにあって、そしてやっぱり人に気を遣い、笑顔で明るく、いいパパでいるんだろうなって思っています。

2005年／25歳

みっちゃん

ボールを持った瞬間、痛みで膝が折れた。

ガクン。ダメだな。

アップのダッシュ、トラップ、パス回し、痛みを堪《こら》えながら続けていたけれど、もうどうにもならない。

まだ6月だというのにマナーマは異常に暑かった。

ドイツワールドカップへの出場権をかけた、アジア最終予選。ジーコ率いる僕たち日本代表は、なかなかいいサッカーができていない。

初戦の北朝鮮戦はメンバーに入らなかった。オランダにいた僕だけではなくドイツでプレーするタカ、イタリアにいたヒデさんたちもいない。ホームにもかかわらず2対1の辛勝、という結果は知り合いから聞いた。大黒《おおぐろ》（将志）のアディショナルタイムのゴールに助けられたという。

そして2戦目のイランには1対2で敗北を喫する。僕自身のプレーも満足いくものではなかった。

そして、3戦目のバーレーン戦は再び、招集外となる。フェイエノールトが「ケガのため招集しないでほしい」と日本代表に伝えたのだ。リーグ戦には出ていたけれど、確かに足は痛かった。

再び、オランダでその結果を待つことになるこの試合、オウンゴールで何とか勝利。

問題は、どんなサッカーをするか。

3バックには手ごたえがある。4バックはまだ精度が足りない……。

ジーコジャパンの初ゴールは僕だ。あのときは、ワクワクした。ヒデさん、俊さん（中村俊輔）、イナ。中盤に想像力のある選手が揃っていた。でも、4人が揃ったのはこのときだけ。

ワクワクさせられていないよな……。

ワールドカップ出場権獲得に向けて、負けられない4戦目のバーレーン戦。久しぶりの招集に、僕の気持ちも乗っていた。

けれど、僕の右足はもうもたなそうだった。マナーマのピッチに座り込み、足をさすった。ピッチをあとにして、病院へ向かう。

右足第5中足骨　疲労骨折。

全治は半年と言われた。来年、2006年にボールを蹴り始めたとしても、コンディションを含め、ドイツワールドカップ出場は難しいかもしれない。

また、ケガか。

❖

アジア最終予選での骨折は、正直想定外だった。

足の状態は良くなかった。変な表現だけれど、ヒビが入っているから折れるのを待つしかなかった。治療法がなかったのだ。


ひとつ前の章と少し前後する。2004－05シーズンの佳境、僕は右足の痛みを抱えながらフェイエノールトで試合に出続けていた。それもあってチームは代表に行かせたくない、と言った。

それは仕方のないことだ。


誰しも「日本代表のユニフォーム」に憧れる。僕が初めてそれを手にしたのは15歳のときだった。とにかくユニフォームがかっこいいと思った。一番好きなのは「ドーハの悲劇」の頃のデザインで、僕が初めてU－17の代表に選ばれたときに着たものだ。

その気持ちはずっと変わらない。一方で、僕にとってはどこに行っても楽しいのがサッカーだった。そして給料を払ってくれるクラブ側の気持ちもわかった。

だから、シーズン中の代表戦は行くことができなかった。

シーズンが終わった２００５年6月、ようやく代表に合流する。そして、骨折をした。

折れるのを待つしかない、とは言われていたけれど、こんな大事なときにか。とにかくショックだった。

それでも努めて明るく振る舞った。チームの雰囲気を乱したくなかった。ワールドカップをかけた大一番を前に、僕の行動がネガティブな影響を与えるのを避けたかったのだ。

当時はまだ25歳で、今ほど心身が成熟していたとはいえない。でも、サッカーは楽しくやるものだ。出られても、出られなくても、どんな嫌なことがあっても、チームの笑顔を失うことだけは避けたかった。

あのときのことをみっちゃん（小笠原満男）が振り返っているのを雑誌か何かで見たことがある。「ケガをして落ち込んでいるはずの伸二が、めちゃくちゃ明るく振る舞っていた」と言っていた。そうやって伝わっていたなら、すごく嬉しい。何度も言うけれど、サッカーは楽しいものだから。

果たしてそのバーレーン戦は、僕のポジションでみっちゃんがスタメンで活躍する。決勝ゴールを決め1対0。みっちゃんはブルキナファソやナイジェリアでもずっと一緒にプレーしてきた同世代の選手だ。いわゆる「黄金世代」。だから、あのゴールは忘れられない大事な瞬間のひとつになっている。

これ以降、僕はまたリハビリ期間になる。

ワールドカップに間に合うのか。

フェイエノールトでのシーズンはほとんどを棒に振ることになるだろう……。フリットは1年で監督を辞め、新しくクーマンが監督になっていた。バルセロナなどの強豪の監督を務め、現在はオランダ代表を率いる「クーマン」のお兄さんだ。すごくいい人だった。

そして2005年の年末。僕は浦和レッズに復帰することに決めた。

フェイエノールトとの契約は残っていた。だけれど、そろそろ環境を変える時期だった。浦和レッズへの移籍はいい選択だったと思っている。

2006年／26歳

真っ赤

右サイドでボールをキープしたポンテが、何とか蹴り込んだクロスに猛然と突っ込む。目の前にはワシントン、紛れもない僕たちのエースストライカーがいたけれど、そんなの関係ない。斜めに走り、ワシントンの前に出ると右足の内側にボールを合わせた。

開始3分。先制ゴールを奪った。最高の気分だ。

みっちゃん、モト、（中田）浩二……、長い間、日本代表でプレーをともにしてきた「チームメイト」たちを目の前にして、燃えないわけがなかった。ホーム、埼玉スタジアムは真っ赤に染まり、ものすごい歓声がこだましている。

前半のうちにワシントンが2点目を決め、2対0。レッズは常勝軍団鹿島アントラーズを圧倒していた。

でも、まだまだ！　もっと決めたい！

後半が始まってすぐのコーナーキック。ショートコーナーからつないだボールはペナルティエリアの外にいた僕へとつながる。

右足でトラップ。寄せに来ない。トゥ（つま先）で蹴ろうと瞬時に判断した。ループ気味に浮いたボールはゴールキーパーの指先を越えてゴールに吸い込まれていった。

再び、燃えるような歓声が、スタジアムを包み込んだ。

埼スタのこの感じは、最高に気持ちがいい！

❖

フェイエノールトに別れを告げたのは12月。ちょうど、妻の千恵子がオランダで長女を出産し、僕は日本で足の手術を控えていた。

新たな契約は浦和レッズと、２００６年1月から。

移籍はいつも僕に新しい刺激をくれる。

確かにヨーロッパのレベルの高いクラブに行きたいという思いはあった。でも、それはある意味で運だし、よほど圧倒的なパフォーマンスを見せていたのであれば、別だとは思うが、自分でどうにかなることでもなかった。今では、海外へ移籍した日本人選手たちがさらなるステップアップを果たしていくことも増えた。これは、素晴らしいことだと思う。

選手のモチベーションの在り方はさまざまだ。

例えば、クラブに価値を置く考え方。わかりやすいのがビッグクラブでプレーすることを公言するやり方だ。実現すれば質の高い選手たちと常に勝利を目指せる環境が、その選手をより高みに導いてくれるだろう。

今の日本サッカー界にはそういう選手が増えたし、ビッグクラブでプレーしていくためにはそれはとても大事な姿勢だと思う。

ただ、僕はちょっと違う考え方だった。ビッグクラブでプレーをしてみたい思いはあった。でも、それを口にはしなかったし、代理人に「行きたい」とも口に出さなかった。先にも少し触れたバルセロナは、その思いを胸に秘めたクラブのひとつだったけれど、そのクラブでプレーしたい、というより、あの選手たちとともにプレーできたらどんなにワクワクするだろう、と考えるタイプだった。

めちゃくちゃ楽しいサッカーが、もっと楽しくなるんじゃないか。もっと人を魅了するプレーができるんじゃないか。そんな「サッカーって楽しい」という基準が小野伸二という選手の根幹にあった。

その点で、浦和レッズの移籍は僕にすごくポジティブなものをもたらした。人によっては、「出戻り」「ステップダウン」みたいなイメージを持たれていたようだけれど、僕にとっては「サッカーが楽しい」を実現できる環境だったのだ。

6年ぶりの日本のサッカーはすごく質が上がっていて、何よりレッズのメンバー層は厚かった。レギュラーを取りに行かなければ！　そんな気持ちにさせてくれたし、紅白戦は激しくて、それが最高に楽しかった。監督はドイツ人のギド・ブッフバルト。彼の存在も大きかった。

何より、Jリーグにはかつてともに戦った「79年組」の選手がたくさんいた。小さい頃から、お互いの名前を耳にし、戦い、ともにプレーしてきた同級生。彼らに対しては絶対に負けたくない、という強い思いが自然と湧き上がった。

ガンバ大阪とやればイナに負けたくなかったし、もしタカがいたら同じように思っただろう。そんななかで、僕が一番燃えたのが鹿島アントラーズ戦だった。それはプロに入ってからずっとそうだ。あれだけの常勝軍団を作り上げるのはそう簡単ではない。日本では稀有《けう》なすごいチームだと思う。

そして鹿島は「79年組」がもっとも多いチームでもあった。

小笠原満男、中田浩二、本山雅志、曽ヶ端準、山口武士、中村祥朗《よしろう》。だから、鹿島と試合をするときはもう絶対に負けたくなかった。自分がゴールを決めて、必ず勝つ。燃えるほどのモチベーションがあった。

実際、相性はいい。Jリーグでの2得点目はアウェイでの鹿島アントラーズ戦だった。この試合を観に来ていたのが岡田武史さんで、僕のフランスワールドカップメンバー入りへとつながったゴールだった（はずだ）。翌１９９９年には国立競技場でフリーキックを決めたし、のちに移籍することになる清水エスパルス時代にも、ミドルシュートを決めている。あれはボーフムからＪリーグに再び戻ってきての初得点だった。

何より覚えているのが２００６年5月7日の試合、１か月半後に控えるドイツワールドカップのメンバー争いが熾烈《しれつ》なタイミングでの鹿島戦で2得点だ。ジーコが観に来ていて、ケガを含めて当落線上にいた僕には追い風になったと思う。

埼玉スタジアムの真っ赤な空間。ピッチのどの選手にも負けたくない思いが自然と湧き上がる。浦和に戻ってきて、すごく新鮮な時間を過ごすことができていた。

2006年/26歳

戦犯

試合に出たい、チームに貢献したい。

それにしても暑い。先週まで雪が降っていたのに、なんでこんなに暑くなったんだろう。ピッチにいる選手たちは大変だ。プレッシャーのかかる初戦、みんなよく頑張っている。

じりじりした展開、ピッチで戦う選手たちが疲れてきているのがわかる。

前線のタカとヤナギさん（柳沢敦）が前半からよく機能している。相当、走り回っていた。

オーストラリアが交代選手を入れた。75分、もう3人目だ。

アロイージか。でかいな。

ピッチを横目に、ウォーミングアップをしながら次の展開を予測した。

1対0。

後半に入って、追いかける展開のオーストラリアは完全にパワープレーへと舵《かじ》を切っている。日本としては、中盤でボールを落ち着けたいところだった。強いディフェンシブな選手を入れてロングボールを跳ね返すか、あるいはフレッシュなフォワードを入れて蹴ってくる選手にプレッシャーをかけるか……どっちがいい？

交代はフォワードか、ディフェンダーか。

出たいけれど、展開的に僕の投入はなさそうだった。

そう思った瞬間、名前を呼ばれた。

「伸二、行くぞ！」

ヤナギさんとの交代。すぐのことだった。

ピッチサイドで頭をフル回転させる。落ち着け、ちょっと待てよ。えっと、何をすればいい？　ポジションはどうする？

ピッチに向かって走り出した。

❖

ドイツワールドカップは、多くのサッカーファンにとって失望として記憶されているに違いない。それは、僕も同じだ。

ジーコジャパンの集大成。ヒデさん、イナ、俊さん、そして僕の中盤は「黄金の中盤」なんて言われた。タカはブンデスで活躍していたし、みっちゃんや福さん（福西崇史）といったJリーグでも屈指の中盤の選手たちがいた。

確かにワクワクするサッカーができそうな予感があった。けれど、その過程は簡単なものではなかった。

イナや僕は大きなケガをした。戦い方としても3バックや4バックを試して、監督やサッカー協会を含めても「どうするか」が統一されずにいた。加えて、「国内組」と「海外組」という表現が「対立」みたいなイメージで報道されることも多かった。

でも、こうしたこともサッカーだ。ケガのリスクはいつもあるし、誰もが試合に出たいと思っている。戦い方が決まり切らないことだって、何度も経験した。そうしたなかで、どうやって勝つのかを考え、実行に移すのはいつだって選手たちだ。だから、負けたとしたら選手の責任である。

サッカー人生のなかでもっともその選手としての責任を感じたのが、このドイツワールドカップだった。

「タラレバ」を言い出したらキリがない。ワールドカップ直前の親善試合で、前回大会準優勝のドイツと戦い2対2の接戦を演じた。誰もが手ごたえを感じる試合だった。

しかし、その次のマルタ戦で、1対0の辛勝。最高だったドイツ戦と比べると、パフォーマンスの落差はあまりに大きかった。チームにその「反動」は感じられていたはずだ。

そしてこの試合でほぼ、ワールドカップのスタメンが決まったといってよかった。実は、マルタ戦はドイツ戦に出なかった選手が中心となって出場するはずだった。けれど、蓋《ふた》を開けてみれば、ドイツ戦からのメンバーチェンジはフォワードのふたり、タカとヤナギさんが大黒と玉田（圭司《けいじ》）に変わっただけ。出られないメンバーは調整を含めて難しい状況に直面した。

難しい状況で迎えたといってもそれは「今、振り返って思うこと」であって、当時は「初戦しっかり勝てば、グループリーグも突破できる」とみんな高いモチベーションでいたが、――ドイツワールドカップは、2敗1分という散々な結果となった。

初戦のオーストラリア戦が1対3。
第2戦のクロアチア戦が0対0の引き分け。
第3戦、ブラジル戦は1対4。
3試合で勝ち点1という結果だった。

とりわけフォーカスされたのが初戦のオーストラリア戦であり、僕自身がもっとも責任を感じた試合だった。

カイザースラウテルンで行われたこの試合、日本代表は俊さんのクロスがラッキーな形で入り先制。前半26分からリードした状態で58分間、84分までを戦う。けれど、残り8分強で3点を決められた。

オーストラリア代表が次々と大柄な選手を前線に送り込み、その選手目がけて長いボールを蹴ってくる。いわゆるパワープレーに屈した形だった。

僕自身の出場は79分。ヤナギさんと交代して出場をした。まだ1対0で勝っている状況。でも、ピッチ上の混乱は明らかだった。パワープレーを執拗《しつよう》に繰り広げるオーストラリアのプレーに、それを弾き返すディフェンダーの選手たちは疲れ果てていたし、前半から走り回って「効いて」いたフォワードのふたりも「蹴らせない」ようにするには限界だった。

後ろの選手を加えるか、前の選手を代えるか。

ベンチで戦況を見ながらアップを進めている僕の想像のなかに、ピッチに立つ自分はいなかった。それが急に呼ばれた。

ヤナギさんとの交代で、フォワードがひとり減る。ポジションはどうする？

確か、ジーコには「戦況を落ち着かせてくれ」と言われたような気がする。

でも、正直それどころではなかった。混乱しているピッチの選手たちは僕の投入によりさらに混乱したと思う。守るのか、点を取りに行くのか？　みんなが疲れているなかで僕の役割は何だろう？

実は、この試合の記憶はあまりない。ファーストタッチでトラップミスをしたような気がする。自分のプレーの記憶がないことは、サッカー人生においてほとんどない。

そして、5分後には1失点、さらに数分で2失点を喫していた。

衝撃だった。サッカー人生において、リードしている状況で途中出場をしてひっくり返される経験が、それまではなかった。

僕が入ったことで、チームは逆転された。

それが現実だった。

これ以上の絶望はなかった。

小野が責任を痛感した、オーストラリア戦後。

申し訳ない――。

2戦目のクロアチア戦、3戦目のブラジル戦。誰もが切り替えて戦った。チャンスも作った。でも……、あの「初戦」、あの「僕が交代したあと」の8分がすべてを変えてしまった。

ワールドカップが終わり、ヒデさんは29歳で引退した。僕はあの初戦以降、出番がなかった。

絶望と申し訳ないという思いは、日増しに大きくなっていった。

2007年／27歳

絶望と希望

サッカーをやめなくて良かった。

スタジアムは、いつも通り真っ赤に染まり、誰もがいい笑顔をしていた。ギドは今シーズン限りでの退任を発表していた。最後の最後まで試合をする。その思いは叶い、2007年1月1日、僕たちは天皇杯を制した。2006年のリーグ優勝に続いての2冠だ。

当然ながら、達成感があった。

試合に出られないこともあったり、悔しかった時間もあったりした。でも、すごいレベルの高いチームのなかで、常に、もし自分が出ていれば、どうするかを考えて、強度の高い練習に毎日、ワクワクしながら取り組んでいた。

本当に、サッカーをやめなくて良かった。

❖

2度目の浦和レッズ所属では、2006年のリーグ優勝と天皇杯優勝、そして2007年のアジアチャンピオンズリーグ（ACL）制覇と、素晴らしい経験をさせてもらえた。特に2006年のリーグ優勝と天皇杯の2冠は忘れられない。

浦和に戻ってこよう、と決めたとき犬飼基昭《いぬかいもとあき》さん（当時の浦和レッズ代表取締役）から電話をいただいた。

「アジアナンバー1になるために帰ってきてほしい」

そのためにもACLの出場権を獲得しなければいけなかったし、それが僕のひとつの目標でもあった。チームに戻ってみると、繰り返し書いてきたようにレベルはすごく上がっていた。チームのメンバーは素晴らしくて、何より小学校時代から知っている、親友・ヒラもいた。

そういうメンバーと最高の結果を出せたことは、感慨深かった。

ドイツワールドカップが終わったとき、初めて「サッカーをやめようかな」と思った。そんな感情が湧き上がってきたことは、サッカー人生のなかでもこのときだけだ。

オーストラリア戦、出場後の3失点、大逆転負け。サッカーはみんなでやるもの。チームの勝敗は、ひとりの責任ではない。

頭でわかっていても、あの衝撃はどんどんと僕のなかで大きくなり、自分の生活のなかから、サッカーを遠ざけたいとさえ思い始めていた。

敗退後、代表チームは解散し、僕は家族とフランスへと旅行に行った。ワールドカップをわざわざ観に来てくれていた妻や0歳の長女やアッキーと。

のちに、僕を知る多くの人が「伸二が落ち込んだ姿を見せた唯一のとき」と振り返った時期だ。それは僕自身にも自覚がある。

滞在したモナコではほとんど外に出られなかった。というのも、長女がおたふく風邪にかかったからで、看病でいっぱいいっぱいだった。

そのまま僕は、代表メンバーだったツボ（坪井慶介）とアレ（三都主《サントス》アレサンドロ）と、オーストラリアで合宿をしていた浦和レッズへ合流した。たぶん、ここからの時間が一番、つらかった。

振り返ってみても、あの代表チームに足りなかったのが何か、はっきりとはわからない。2002年のワールドカップと比べてしまえば、団結力が足りなかった、といえるのかもしれない。2002年の日本代表においては秋田さん、ゴンさんといったベテラン選手の力が大きかった。

その点で2006年のメンバーにはそういったチームを言動で牽引できるベテランがいなかった。

7月に入り、ワールドカップもいよいよベスト4が出揃った頃、ヒデさんが現役を引退する、というニュースを見た。びっくりした。

ヒデさんは、ヨーロッパでプレーする選手たちをいつも気にかけてくれ、代表での試合が終わればご飯に連れていってくれた。いろんな人を紹介してくれて、そのまま いなくなっちゃうこともあった。ブラジル代表の試合を隣

©YUTAKA/アフロスポーツ

２度所属した浦和レッズでは数々のタイトル獲得に貢献した。

で観ていたとき、「あの選手、誰？」って、全然、海外の選手のことを知らなくてびっくりした。

とても気を遣う人だった。でも……、「引退するって決めていたなら、もっと早く言ってくれれば、違う団結力が生まれたんじゃないか」と正直思った。ブラジル戦直後、ピッチに倒れ込んでいたのもあとから知った。

それでも、ただ「団結力」だけが原因だったのか、といえばそうとも言い切れない。チームのムードは決して悪くはなかった。元気がない人がいると、つい手を差し伸べたくなる性格の僕は、たくさんの人に声を掛けていた。それはチームのため、とかそういう思いもあるけれど、何より自分の空間で「楽しんでないな」と思っている人がいるのに、耐えられないのだ。

そんななかで、今回だけは僕自身がふさぎ込んでしまった。決して、それを外に悟られないように、いつも通りに振る舞っていたけれど、確かにそれまでなら元気にしていたバスでの移動中も活力が出なかった。

期待が大きかっただけに敗退後の批判も苛烈《かれつ》だった。

直接、敗退の原因として名指しされたこともあれば、チームの雰囲気を悪くした、と書かれたこともあった。あるときは、スタメン組と控え組に分かれ、僕は控え組だったが「チームが険悪な雰囲気になっている」とメディアに書かれたこともある。そういう雰囲気が伝播《でんぱ》していった、と。

少しがっかりしたのは週刊誌のインタビューでジーコが「腐ったミカンがいた」と答えた、というものだ。誰のことを指しているかはわからない。

でも、すごく寂しかった。

あのとき、僕らには腐る暇なんてなかった。オーストラリアに負けたとしてもクロアチアに勝てばグループリーグ突破の可能性はあった。ブラジル戦だって、厳しいハードルではあったけれど、まだ可能性が残っていた。だから、チームが一丸となってその可能性にかけていた。

僕自身も同じだ。

「控え組」が「スタメン組」との紅白戦で勝っていたのに、出られないことに不満を持っていた――。そんな論評が出れば、それは強いチームでは当たり前のことだ、と答える。試合に出られないことで満足する選手はいない。

出るためのチャンスは練習にしかない。だから、たとえスタメン組との紅白戦であっても手を抜くことはない。

むしろ、それはチームとしていい傾向だった。

あのチームは、誰ひとりとして手を抜くことのない素晴らしいチームだった。ジーコにも感謝しかない。もし、「戦術を決められない」ことが課題だったのだとすれば、それだってジーコひとりに責任を押しつけるものではないはずだ。

批判はメディアの仕事だから、時間とともにそういった報道が薄れていくことを願うことしかできなかった。妻や子ども、母親が見ているかもしれない、と思うと心が痛んだ。

試合後のはち切れそうな胸の痛み。サッカーを通して経験したことのない感覚。楽しいだけではすまないサッカーを知った。

自分が入って負けた。この事実は生涯、変わることはない。日に日に増していく、その痛みは、僕の心を蝕《むしば》んだ。

ワールドカップで中断していたJリーグ、僕たち浦和にとっての再開後初戦はアルビレックス新潟戦だった。7月19日。「真っ赤」だった鹿島戦以来のJリーグ。その試合、スタメンで出たけれど、1対2で負けた。

それでもチームは踏ん張り、以降7戦で負けなし。8月中旬には首位に浮上した。

その間、7月の下旬だったと思う。ひとつ上の先輩・タバさん（田畑昭宏）と食事をした。僕より1年早く浦和に入団して以来、家族ぐるみの仲。免許がなかった当時の僕を毎日練習場まで送ってくれ、1999年の降格や、リハビリのタイミングも一緒で、苦しい時期をともに過ごした。

そんなタバさんは、2005年――1年前――に現役を引退した。僕が、「もう、サッカーやめようかな」と漏らすと、強い口調で言った。

「伸二、絶対にやめないほうがいい。後悔するよ。絶対に後悔する」

「サッカーが好きでやってるんでしょ。やめちゃったらできない」

タバさんは、自分もやめて後悔をしている、とも言った。

そういえば、引退して満足している、という人に会ったことがなかった。

みんな、後悔している、もっとやれた、やりたかった、と口を揃える。

僕が当時、引退を決断したとして、後悔なくやめられたか、といえば、やめられなかったと思う。

タバさんの言葉をきっかけに気持ちが次第に前を向いていった。やめない、もう少し頑張ろう、と。

季節が変わろうとしていた。

夏が終わり、秋に向かう。浦和は9月30日の第25節で京都サンガに5対1で勝利し、そこから一度も首位を譲ることなくリーグ初制覇を成し遂げた。

そして天皇杯。準決勝の鹿島戦で僕もゴールを決め、優勝を決めた2007年1月1日のガンバ大阪戦は先発して76分までプレーした。

満員の国立競技場で、赤と青——ひとつは相手、ガンバ大阪のサポーターの方たちだ——で埋まったスタジアムを見渡し笑顔がこぼれた。

「サッカー、やめなくて良かった」

決してすべてが良くなったわけではない。でも、動けなくなるまでサッカーを続けよう、そう決心した。

2008年／28歳

結婚式

「アッキー、本当に言ってんの？　ありえないって。ずらせないの？」

さすがに怒りが込み上げてくるのを感じていた。

「ごめん、無理。行くしかない」

アッキーは申し訳なさそうだけれど、断言した。絶望した。嘘でしょ。

決まったのだから仕方がない。でも、本当にがっかりした。

2008年1月3日、ドイツに飛んだ。

きっと今頃、みんなでヒラを盛大に祝っているはずだ。

小学生の頃にその名前を知り、高校は3年間ともに戦った。筑波大学に進学したヒラが浦和に行きたいと耳にして僕は率先して「代理人」みたいな仕事をした。オランダから浦和に戻ってきて、再び同じユニフォームを着た。リーグ優勝、天皇杯、アジアチャンピオンズリーグ制覇、試合に出られたときも、出られないときも、一緒にいた。

子どもが生まれたばかりの頃、何日もヒラの家に居候したこともある。そんなヒラが結婚する。でも、親友の結婚式には出られない。

ブンデスリーガのボーフムが、僕を見たいというのだ。まだ、浦和との契約が残っていた。

「今日じゃなきゃ、ダメなの？」

飛行機のなかで、その話を決めてきたアッキーを見て言いかけた。でも、よく考えたらアッキーにとっても、初めての契約選手がヒラだ。アッキーも、出たかっただろうしな……。

❖

ボーフムへ移籍したのは、ブンデスリーガがウインターブレイクから明けた1月30日。最初はありがた迷惑だと思った。練習参加の日程は、親友・ヒラの晴れの日。それに行かず、ドイツに行くなんて！

今でも当時のイラつきを覚えている。僕の性格的に結構、珍しい（笑）。

ボーフムに着くと、練習に参加してほしい、と言う。2日ほど練習をすると、今度はキャンプがあるから帯同してくれ、と言われた。あんまり誤解してほしくないけれど、練習に参加して感じたボーフムのイメージは「うまくない」だった。それに、本当にちょっとしか練習できていない。

「もういいよ」

アッキーにそう言って帰国した。このときはまだ「ボーフムから話がある」くらいの確度だった。確かにもう一度、海外でプレーをしたい、という思いはあった。どちらかといえば、僕は海外で生活をしているほうが楽だ。

でも、だからといってどこでもいいわけではない。

日本に戻ってから数週間、なんの連絡もなかった。特別僕が欲しかった、というわけではないのだろう。そう気持ちを切り替えていた。

浦和レッズの居心地が悪かったわけでもない。アジアチャンピオンズリーグで優勝し、2007年もリーグ2位。結果も出ていた。ただ、一方で出場機会は減っていたしケガもした。監督のオジェックはどちらかといえば守備的で、また結構、頑固だった。決して関係が良かったともいえない。

メディアの前で監督に対して異《い》を唱えてしまったこともあった。

今思えば、もう少ししっかりと話し合いをするべきだったと思う。いきなり先発を外されたり、その理由がはっきりと明言されなかったりして、僕自身が耐えられなかった。

確かに、自分自身でも、何かを変える必要性は感じていた。ドイツワールドカップ以降、何か吹っ切れないものが連続し、心に霧がかかっていた。

変えるのはピッチのなかの自分だ。

そう言い聞かせて、新しいシーズンに向けて、赤いユニフォームを着るつもりで準備をしていた。それが急に風向きが変わった。ボーフムから正式なオファーが来た、という。アッキーの持ってきた初めての移籍話。僕は、ボーフムに行くことに決めた。

２度目の海外挑戦はドイツだった。

そして2月3日、ブレーメン戦でいきなりベンチ入りすると0対1の場面で「ブンデスデビュー」をすることになる。

ウインターブレイク明けだったのが関係していたと思うけれど、ベンチから見るブレーメンは強くなかった。ドイツワールドカップの得点王だったクローゼがこのシーズン前に移籍していたけれど、ブラジル代表のジエゴ、ナウド、ドイツ代表のメルテザッカーらがいて、途中からは若きエジルも出てきた。毎シーズン、リーグ優勝争いするのにふさわしいメンバーが揃っていたけれど、なんだか「面白くない」サッカーをしていた。

監督にはラスト25分で行くから、と言われていた。そして67分にピッチに入ると、いきなり同点ゴールをアシストできた。

正直いって、誰が見てもオフサイドだったんだけれど……まあ、レフェリーに救われた。1対1のまま84分、コーナーキックを蹴るとディフェンダーのヤヒアがゴール。結果的に2アシストで逆転勝ちを収めた。

ホイッスルが鳴ると、チームメイトがものすごい勢いで喜んでいた。何があったのかとびっくりしていると、1938年のクラブ創設以来、ボーフムがアウェイでブレーメンに勝ったのが初めてだ、という。

デビュー戦は知らぬ間にセンセーショナルなものになり、その節のブンデスリーガベスト11にも選ばれた。以降、チームメイトに慕われるようになった。バタバタの縁で始まった2度目の海外、ブンデスリーガへの挑戦は僕の思っていたモノとは違った形でスタートを切った。

あの練習参加は本当に腹が立っていたし、正直いって楽しいサッカーではなかった。だけれど、このデビュー戦の夜にアッキーと食事をしたことは覚えている。

「なんか、ブンデスリーガってこんなものなのかな」

僕の質問にアッキーは答えた。

「まあ、まあね。これから。せっかく来たんだし、頑張ろう」

「そうだね、まずは良かった」

メキシコ料理のお店で、ふたりだけのちょっとした祝杯にドイツワールドカップ以降、くすぶっていたものが少しずつ晴れていくのを感じた。

about SHINJI from

平川忠亮

僕のプロサッカー人生は伸二の導きの賜物だった

1979年生まれ。静岡県出身。元プロサッカー選手。清水商業高校では小野伸二と同級生。2002年浦和レッズに加入。浦和一筋17年で、数々のタイトル獲得に貢献した。2018年シーズン後に現役引退。2019年より、浦和レッズユースのコーチに就任し、同年3月にはトップチームのコーチに就任した。

「忠亮、電話だよ」

一本の電話が僕の未来を変えました。

「小野くんから——」

中学3年生の頃です。当時の僕は、伸二の住んでいた沼津市から40キロくらい離れた清水市でサッカーをしていました。

伸二が僕のことを知ったのは小学6年生の静岡選抜に選ばれて一緒にサッカーをしたときだと思いますけれど、僕はその前から彼を知っていまし

© 徳原隆元／アフロ

引退試合で平川さんに花束を贈呈。気恥ずかしそうな平川さんの表情が二人の親密さを表している。

た。何回か伸二が所属する沼津ＦＣ選抜チームと試合をしていて、ものすごくうまい選手がいるから、そいつだけは注意しよう、とチームで話し合っていたのです。

伸二がいた少年団は、沼津では強かったでしょうけれど、僕たちが負けることはなかった。でも、毎回、３対１とかでその１点は伸二に決められたもの、みたいな……。

そんな選手と静岡選抜で出会い、意気投合した、というか、もう一方的にファンになった感じでした。圧倒的にうまいのに、僕たちのことまでいつも気にかけてくれる。常に周りに目を配らせて、耳を澄ませていました。

以降、ときどき連絡を取っては遊んだりという関係が続きます。そして高校進学が現実味を帯びてきたある日、伸二から電話が来たんです。

「高校、どこに行くの？　一緒にキヨショウ行かない？」

僕は兄が進学していた工業高校に行こうと決めていました。そのサッカー部の先生が僕を欲しがってくれている、とも聞いていたのです。でも、伸二に誘われて、心が揺れました。

とはいえ、あのキヨショウです。入れるわけがない——そう思いながら親に相談すると、偶然、父親とキヨショウの大瀧先生が同級生だったりして……でもね、たぶん伸二が「いい選手だから」って薦めてくれたんだと思います。僕は、想像もしなかったキヨショウ進学をして、青春時代の3年間を伸二と一緒に過ごすことになりました。

もし、あのとき工業高校に行っていたら100％、プロにはなれなかった。だから、僕の人生は伸二が導いてくれたのです。

でもこれはひとつの事例に過ぎません。伸二と離れた大学時代、ともにプレーした浦和時代を含めて、伸二がいたから僕がある、と何度も思わされてきました。

高校を卒業して、伸二はレッズに入団、僕は筑波大学に進学しました。久しぶりの伸二がいないピッチでプレーをして気づいたんです。ちょっとミスをしても伸二が何とかしてくれていたんだ、って。僕は、ただ伸二のパスが来ると思って走っていただけ。本当に、そこに来ちゃうから——これはレッズで一緒にプレーしてからも何度も感じたことです——、それだけで良かった。だから、また伸二と一緒にできるように、って努力できた。実際にレッズに行くときは、代理人みたいなことまでしてくれていましたけれど、その点だけじゃなくて、サッカー選手としての僕の成長に彼は欠かせない存在だったわけです。

彼がどれだけうまいかは、もはや語る必要はないと思います。すごいのは、あれだけうまいのに、全く天狗にならないところです。

スタメンを外れてベンチにいても、不《ふ》貞《て》腐《くさ》れたような態度を取ることが一切ない。それだけじゃなくて、うまくプレーできなかった選手がいれば背中をさすれる男。ちょっと元気がない選手がいれば、すぐに察知し、適切な言動で接することができる。

日常生活でも全く同じなんです。例えば、一緒に焼肉を食べていても、率先して肉を焼いて、皿が空になっていればすぐ見つけちゃう。飲み物がなければ、「何にする?」って気づいちゃう。

持って生まれたものなのか……視野の広さはピッチだけじゃないことを長い付き合いのなかで感じていました。

こんな例は枚挙に暇《いとま》がないのですが、忘れられないのが高校時代です。

彼は1年目からAチーム。僕らほかの下級生は球拾いとお茶くみ。一日中、まともな練習もできなかった。でも練習が終わると、伸二が決まって「ボール、蹴ろう」って声を掛けてきてくれて、何十分もときには1時間以上、練習に付き合ってくれる。二人で毎日ボールを蹴りました。伸二のトラップや蹴り方を見て、こんな方法もあるんだ、って、本当に勉強になりました。

小野伸二、というのはそうやって、決して周りを見放さない、一緒にうまくなろう、って考える男です。伸二はいつも人に恵まれた、周りが僕を育ててくれた、って言うんですけれど、僕らからすれば、彼がいつも引っ張ってくれていたんですよね。

長い付き合いになったので、そういう彼の一面を、「周りが見えている自分が好きなだけだろ」なんて突っ込むなどしているんですけれど、一方で、伸二はいつも先頭を走っていたから、弱さを見せられなかったんじゃないかな、って思うこともあります。

伸二が泣いたところを見たことがない。

1999年にシドニー五輪に向けたアジア予選で大ケガをしたとき、伸二から病室まで来てくれ、って連絡がありました。確か、日本代表の拘束期間中だったから、僕を呼んだってことは少なからずショックを受けて、ひとりが嫌だったのかな、って思っていたんですけれど……。

病室に行ったら「まあ、ケガっていつかは治るからね」なんて言っていましたから。あれは、どうだったんだろう。

そういえば、伸二がこのケガをしたときは、僕がレッズに行くかどうかを悩んでいるときでした。筑波大学在学中にレッズからオファーをもらっていたんです。レッズはそのとき残留争いの真っただ中で、もしJ2に落ちたら行かない、という話になっていた。残留争いのなかでのケガだったから、責任感の強い伸二は焦ったのかもしれない、とも思います。そういうやつだから。

もう何回手術をしたかもわからないくらいケガをしたし、いくら天才だといっても毎回ピッチでスーパーなプレーができるわけじゃありません。つらいこともあったはずなんです。なのに「弱み」を、これだけ近い僕でも見たことがないのは、逆に「強くなきゃいけない」「喜ばれる存在でいたい」と思わせちゃったんじゃないかなと思うこともあります。もうちょっと弱みを見せてくれても良かったんだけれどな、と。

一応、最後にお話ししておきますけれど、結婚式のことは気にしないでほしい（笑）。奥さんの千恵子ちゃんが代わりに来てくれたし。

正直いって、僕は伸二に海外に移籍してほしいと思っていたんです。

僕がレッズに入ったとき、伸二はすでにフェイエノールトに移籍していました。2006年に戻ってきて、ようやくプロとして同じピッチに立てた。そして、レッズで唯一のリーグ優勝を果たしたし、アジアチャンピオンズリーグ制覇もできた。一緒にプレーするのは本当に楽しかった。もっとうまくならないと、って成長させてもらえました。

けれど、伸二にとってこの環境がいいのか、ということを考えたとき、やっぱりもう一回、海外でその力をぞんぶんに発揮してほしいという思いのほうが強かった。弱みを言うことはなかったんですけれど、僕の目には、明らかに当時の伸二は「気持ちが落ちている」ように感じていた。

結婚式に出られないことに、相当、怒っていたことも聞いていました。でも、僕はあのときこそ伸二の背中を押したかった。

僕がレッズに入団したときの背番号は28、試合にコンスタントに出られるようになってから14になりました。

28は、伸二がレッズに入団したときの、14はフェイエノールトでプレーしていたときの番号です。

僕はずっと伸二に引っ張ってもらい、背中を押してもらってきた。だから、あの結婚式のときくらいはね。

2009年／29歳

ひとり暮らし

単身赴任も丸3年に突入しようとしていた。

ボーフムは住み心地のいい場所だ。

すまいは、地元の名士の家の1階と地下を借りていた。とにかく広くて、不自由がない。少し車を走らせればデュッセルドルフがある。日本料理屋もたくさんある街で、あの頃はベルギーのチームにいた鈴木隆行さんと食事をよくした。

シャルケとドルトムントが同じ地域にあり、このクラブとの試合は「ダービー」として賑わった。それでも、このふたつのクラブと比べると、まだまだ知名度も実績も小さい。

生活に不満はない。

そして、ここ数カ月はサッカー自体ものすごく充実していた。

暫定だけれど監督として指揮を執るハイネマンがめちゃくちゃ面白いのだ。

昨シーズン（2008－09）の3月末、僕は再び靭帯を損傷した。全治は1カ月半。実質、そのシーズンの終了を意味した。

だからこそ3シーズン目、2009－10はしっかりと結果を残したいと思っていた。

チームは低迷し、長い間監督をしていたコラーが解任された。そこにやってきたのがハイネマンだ。

この練習、面白い‼

そんな感覚を持ったのは本当に久しぶりだった。

❖

ブンデスリーガ・ボーフムへの移籍は、僕の30代での生活スタイルのきっかけを作った。それが単身赴任だ。

1999年に出会い、オランダにまでついてきてくれた千恵子と結婚したのが2001年。慣れない土地で大変だったと思うけれど、食事など不便がないように支えてくれていた。浦和に戻る直前にはオランダで出産もしている。

子どもが生まれたときの思いは、格別だ。身体の隅々まで観察した。

「良かった、健康だ……」

あの感動は忘れることがない。

あと、びっくりしたのは出産後。明らかに妻の心身は疲れ果てているのに、ちょっとしたら退院してくれ、って言われた。海外ではそれが普通らしかった。

さらに家族が増えたのが2007年の3月。次女が生まれた。この出産も大変で、僕はこのとき飛行機のなかにいた。アジアチャンピオンズリーグでオーストラリアから帰る途中のことだ。直前に「まだ大丈夫そう」と電話で話していたのだけれど、突然産気づいたらしい。そして、千恵子はひとりで病院に連絡し、アッキーが駆けつけてくれた。

成田空港に到着してすぐそれを聞いて、僕自身も都内の病院までリムジンバスで急いだことをよく覚えている。

「サッカー選手」として家族に接することはなかった。苦しいときも、悲しいときも決して家族にそれを見せない。僕の性格もあるけれど、そういう環境を作ってくれた妻や子どもたちのおかげだった。

そんな家族と離れる。ボーフムに移籍するときに決断をした。

一番に考えたのは子どものことだ。ちょうどそのとき、長女が保育園に合格していた。倍率がすごく高い保育園で、入るためにいろいろと大変な準備をした。移籍が決まったのが1月、保育園は4月から。

ボーフムに移籍は決まっていたけれど、いつ日本に戻ってくるか、読めない。すぐにいらないと言われるかもしれないし、長い間、その場にとどまるかもしれない。サッカー選手という仕事にはそういう現実がある。

休園できるかな……千恵子と相談をして申し出てみたら「辞退してほしい」と言われた。まあ、そうだよな。

自分のために子どもまで連れていくわけにもいかない。そう思って、ひとりでドイツに渡った。

結局、このとき始まった単身赴任生活は今も続いている。清水エスパルス、ウエスタン・シドニー、コンサドーレ札幌、FC琉球、そして再びコンサドーレ札幌。家族は東京に住み、僕はオフに顔を出す生活だ。

僕自身は家族と一緒にいたかったけれど、千恵子のおかげで娘ふたりは健康に、元気に育ってくれた。感謝しかない。

単身赴任をして2年半。

ボーフムではケガを繰り返し、試合に出られないこともあった。ただ、チームメイトからの信頼はものすごく感じていた。

ブンデスリーガはその特徴がフィジカル的な強さにある。ボーフムのようにまず1部残留が目標になるチームはそのフィジカルを生かして中盤を省略し、守備力を強くしていく傾向があった。だからやたらトレーニングをするめちゃくちゃきつかった。

ただ、自分のなかでサッカーをやっている、という感覚が戻ってきているのも感じていた。ドイツワールドカップ、オジェックとの不和。いいこともあるけれど、悪いこともあった2年を経て、「楽しい」「ワクワク」するみたいな「失われていた感覚」が蘇る感じだ。

そして、暫定監督でやってきたハイネマンが、テクニカルなサッカーをベースに、チームを作り始めた。これが、すごく面白かった。何より、練習が楽しい。メニューが豊富で、「暫定じゃなくて、このまま監督をしてくれないかな」と思ったほどだ。

実際、この頃から常時スタメンで出場するようになった。それも中盤の中心選手としての起用だった。

暫定だったハイネマンが退いて、新しい監督・ヘルリッヒも僕を起用し続けてくれた。でも、残念なことに練習は面白くなかった。彼の練習もまたひたすらきつい……。

あくまで個人的な感想だけど、せっかく1歩進んだのに、監督が代わって

2歩も3歩も下がっちゃった感じだった。

そんなとき、清水エスパルスからオファーが来た。

アッキーから話を聞いて、即決した。

「帰ろう」

ボーフムが嫌だったわけじゃない。ヘルリッヒは「残ってほしい」と思いを伝えてくれた。ただ、僕のなかで「楽しいサッカー」の感覚が戻ってきたところだった。だから、ワクワクして練習場に行き、今日は試合ができるかなってドキドキしながらカーテンを開けたかった。

日本ならばまた家族と住めるかもしれないし（それは結局、実現しなかったけれど）、何より、地元・静岡の伝統のあるチーム、そして恩師たちが僕の入団を願ったクラブのユニフォームを着られるのは、願ってもないチャンスで、神様がそこに行け、って言っているんだと思った。

2010年／30歳

怒濤

素晴らしいスタートダッシュだった。兵働（昭弘）、（藤本）淳吾、岡ちゃん（岡崎慎司）、拓（本田拓也）、ヨンセン……攻撃陣は若くて、これからが楽しみな選手が揃っていた。

30歳を迎えても、まだできることはある。背番号30。この番号のせいなのか年齢について聞かれることも増えたけれど、ものすごく新鮮でやりがいのある、本当に18歳に戻ったような気持ちでプレーができていた。

いいシーズンを送れた。

大きかったのはコンディションだ。

ケガなく戦えているのは何年ぶりだろうか。

クラブハウスには誰よりも早く行った。単身赴任で、することもあんまりないし、あと運転に自信があるから着くのも早いんだと思っている（笑）。

練習開始の1時間半前には着いて、身体のケアをした。

龍勇《たつお》さん（杉本。元陸上選手）と一緒に、走り方も改善した。走り出しのスピードが上がった感覚がある。

そしてインサイドハーフという新しいポジション。得点に直接絡むプレーが増え、これまでと違った刺激を与えてくれた。

だからこそ、もったいなかった……。

ワールドカップイヤーということもあって、長い中断期間があった。中断期間に入るタイミングをエスパルスは首位で折り返した。

けれど、中断明けから失速してしまった。

手ごたえはある。あとは、どのくらい選手が残ってくれるか……。

プロになって以降、清水エスパルスのユニフォームを着る日が来るとは思わなかった。

18歳でオファーをもらい、周りの誰もが行くと疑っていなかったチーム。僕自身もそうだった。

でも、浦和からの熱い思いと、自分のなかにあったモヤモヤが、それを選択させなかった。あのときから、清水エスパルスでプレーする自分を想像することはなかった。だから強化部長だった望月達也さんから話をもらったとき、僕は迷うことなく清水入りを決めた。

ボーフムとの契約が残っていたけれど、ブンデスリーガが終わったあとの夏の移籍ではチームを勝たせられない。清水を優勝させたい、その一心でシーズン途中、Jリーグのチーム始動に合うタイミングで日本に戻った。

長谷川健太監督が就任して以来、清水が強いというのは知っていた。実際、若い才能のある選手がたくさんいて、目指すサッカーがはっきりしていたと思う。

加入1年目のスタートは、僕もチームも完璧だった。

僕自身は、キャンプから練習に参加できて、しかもコンディションがすこぶる良かった。健太監督は6シーズン目を迎えており、戦術も浸透している。僕が入ってからは、それまで使っていた4－4－2を、4－3－3に変更して、より攻撃にも力を入れていた。

Jリーグが中断する12節までで7勝4分1敗。快進撃といえた。


ちなみにこのシーズンに、プロ入り以降、4度目のワールドカップが行われ、初めてテレビで観ることになる。岡田武史監督が率いる日本代表に呼ばれたのはたった1度。ボーフム時代の2008年8月に行われたウルグアイ戦だ。スタメンで出たものの1対3で敗れた。以来、代表とは縁がない。

清水に来て以来、コンディションが良かったこともあって、周囲から「サプライズ」を期待される声もあった。でも、僕としては「実力がなくて入れなかった」とかなり割り切っていた。

その第2次岡田ジャパンはグループリーグを突破し、ベスト16進出と健闘

18歳の時にオファーをもらった
清水エスパルス。地元静岡で優勝
を成し遂げたい！と奮闘した。

写真：© 松岡健三郎 / アフロ

する。

ワールドカップが終わり、いよいよ始まったシーズン後半戦。

僕たちは失速した。日本の夏の暑さは想像を超えていた。

でも、それだけじゃない。実力が足りていなかった。チーム事情も少なからず影響したのかもしれない。ショッキングな出来事もあった。

例えばシーズン中の長谷川健太監督の退任発表、そして、チームを長年支えてきた輝さん（伊東輝悦《てるよし》）やイチと翌シーズンの契約を結ばない、という報道。確かにシーズン途中、チームの状態が悪くなったときからそんな噂はあった。けれど、それがシーズン中に発表されたのは、ポジティブなことではなかった。僕にも、チームにも。

嫌な予感がしていた。

結局、清水に移籍して1年目を6位で終えると、そのオフは怒濤だった。監督交代、輝さん、イチの退団に加え、ヨンセンは契約満了、キャプテンの兵働は柏レイソルへ、淳吾は名古屋グランパス、拓が鹿島アントラーズへ。そしてフォワードの岡ちゃんはブンデスリーガへと移籍していった。その数、実に14人……。

フロントにおいても僕を呼んでくれた強化部長の望月さんが退任する。

若くて有望な選手たちは、清水で自信を得て、他のクラブの目に留まるような選手に成長した。彼らからすれば誇らしかったと思う。僕は、何度もそういう選手たちに言った。

「声が掛かることは素晴らしいことだし、最後は自分で決めることだけれど、移籍先で必ずしも出られるとは限らないし、残っても成長はできる」

難しい選択であることはわかっていた。でも、こんなに一気にベテランと若い有望な選手、そして長い時間をかけてチームを作ってきた監督を失ってしまっては、チームにならない、清水が優勝するためにならない……そう思った。

でも彼らは全員、いなくなってしまった。決して選手を責めることはできなかった。

代わりの新しい監督はゴトビ。そして僕に希望を持たせてくれたのはタカの加入だった。

2012年／32歳

構想外

海に行って波の音を聞いたり、ちょっと海外まで出向いていつもと違った空気を吸ったり……。小さい頃から海岸近くに住んでいたから、落ち着くのかもしれない。

嫌なことがあればそうやって心を落ち着かせてきた。

こんなこと、あるのか……。

これまでもいいこと、悪いこと、いろいろな経験をしてきた。一緒にやってきた監督は数え切れない。それでも、ゴトビの豹変《ひょうへん》には面食らった。

ゴトビが監督になって2シーズン目、信頼を完全に失っているのを感じていた。

昨年はキャプテンをやった。

そういう役回りは若い選手に、って何度も固辞したけれど、タカを副キャプテンにしてサポートするから、ってキャンプに入ってからも説得されて引き受けた。

きっと去年の清水は降格する、って思っていた人も多かったはずだ。でも、何とか踏ん張った。10位は決して褒められた順位ではないけれど、選手が14人も替わったのだ。

❖

多くの悲しい出来事もあった。

東日本大震災があって、たくさんの命が奪われた。それだけじゃない、被災して大変な思いをしている人たちもまだまだ数多くいる。

9月に真田（雅則《まさのり》）さんが亡くなったことは言葉にならなかった。

こうしたことを乗り越えてきたはずなのに、まさか1年も経たない間にこんなことになるなんて、想像もしなかった。

いつもなら落ち着く波の音も、その寂しさを打ち消すことはできなかった。

清水で過ごした3年弱は、怒濤のようだった。

1年目、若い選手たちとともに首位争いをした。その一方で監督や選手が辞めていった。

2年目、健太さんのあとを引き継いだのはゴトビ。元イラン代表監督ということしか知らなかったけれど、ダンディでものすごく面白い練習をする人だった。

ここまでこの本を読んでくれた人はわかると思うけれど、僕は「面白い練習」をする監督が好きだ。毎日、ワクワクしながら練習場に通うことができる。日韓ワールドカップのときにベスト4に進出した韓国代表の分析担当だったというゴトビは、その点でものすごく優れた人だった。

監督に就任してまず言われたのが、キャプテンをやってほしい、ということだった。最初は辞退した。将来の清水のことを考えても30歳を超えた僕がするより、若い選手がやったほうがいい。キャプテンじゃなくてもチームのために戦う覚悟はあった。

思いのほか、ゴトビは粘った。キャンプに入ってもキャプテンになってくれ、と言われ、そこまで言ってもらえるなら、と引き受けた。この年から、Kリーグにいたタカが清水に移籍してきて、副キャプテンをやってくれることも大きかった。

タカと一緒にプレーできるのはすごく嬉しかった。経験豊富な選手を多く獲得したこともあって、若かったチームは一気に違う色を見せていた。

実際、かなり健闘したと思う。シーズン開幕前の順位予想では、多くの解説者が降格候補に挙げていたくらい戦力が落ちたなかで、ゴトビが目指すパスをつないでの攻撃的なサッカーを体現した。

チームには悲しい出来事もあった。先にも触れたけど、9月、キヨショウの大先輩であり、清水のゴールキーパーコーチだった真田雅則さんが亡くなった。笑顔の絶えない人だった。その一報を聞いたときは絶句してしまった。それは僕だけじゃなくて、清水エスパルスに携わるすべての人の思いだったはずだ。

苦しいシーズンを乗り越えて、もっといいチームに、勝っていくためにどうするべきか。僕はいろいろな人に相談をしながら、考えていた。

ただ、ゴトビと1シーズンをともにしてときどき不安を覚えることもあった。例えば、自分で獲得してきた（フレドリック・）ユングベリへの対応。アーセナルでプレーをしていた世界的な選手を連れてきたことは日本でも大きな話題になった。でも、そのユングベリは8月にやってきて、翌年2月のシーズンが開幕する前には退団している。契約期間はまだあったはずだ。選手への対応が一気に変わるタイプなのかもしれない。結構、怖いなと思った。


そしてゴトビとの2シーズン目だ。

僕はどんどんチームから「排除」されるようになる。

きっかけはある食事会だったという。

オフの日、僕は何人かのコーチと食事に行った。自然と、どうすればもっと清水が強くなるか、という話になる。楽しく食事を終えて、翌日練習に行くと、なんだかゴトビの様子がおかしかった。

聞くと、僕とコーチが食事に行ったのが気に食わない、とのこと。「なんで俺は呼ばれなかったんだ？」――全部自分がコントロールしたい。チームのキャプテンとコーチが、監督がいないところでサッカーの話をすることは不満なようだった。

同じことはユングベリにも言えた。世界的な選手が来て、多くの選手は彼に助言を求めた。選手として、当然のことだ。でも、監督ではなくユングベリのほうを見ることが許せない――ということらしかった。

僕の立ち位置は一気に低下した。僕だけじゃなく、ベテラン全員が試合になかなか出られないようになった。副キャプテンとしてエースストライカーとしてシーズン9ゴールを決めていたタカも同じように使われなくなった。

あのときは本当に混乱した。

人って、こんなに表裏があるのか、って怖さを感じた。

清水は大好きだった。特にサポーター。日本平で勝ったとき「勝ちロコ」

――サポーターと選手が一緒に踊るパフォーマンス――をするのが楽しみだった。

でも、それ以上に、なぜチームを良くしようと思っている自分たちが、こんな扱いを受けなければいけないのか、と納得もいっていなかった。

この話は、あくまで僕の視点からのものだ。ゴトビにはゴトビの言い分があるのかもしれない。当時の僕は、その寂しさに耐えることができなかった。

正直にいえば、清水にはもういられない、と思っていた。

一方で、清水に来たらもうＪ１の他のチームに行くことはできない、とも考えていた。移籍は現実的ではなかった。でも、海外なら――？　タイやシンガポールでもいい。海外なら行けるんじゃないか。そんなとき、ウエスタン・シドニーの監督の（トニー・）ポポビッチから「うちに来ないか」と誘われた。オーストラリアがどんなリーグかも知らなかった。

「行くしかない、行こう」

すぐにアッキーに連絡した。どんなクラブか調べてほしい、と。

2013年／33歳

花火

ここにサインをして。

ウエスタン・シドニー・ワンダラーズ・フットボール・クラブとの契約。手渡された契約書を椅子の上に置き、そこでサインをした。すげえとこに来たな……。競技場の片隅、机すらもない場所で、長椅子の上で署名をした。

専用競技場はもちろん、クラブハウスも、トレーニング施設もなかった。かわりに、市民競技場の一角が事務所になっていて、そこにシャワーも更衣室もすべて揃えていた。

よくあるコーンやサッカー用具が入っている倉庫を開放してトレーニングルームを作る、と聞いた。

おおよそプロクラブとは思えない場所に、びっくりした。

ただ、不安はなかった。

アッキーに「ウエスタン・シドニー」について調べてくれ、って言うと、「できたばかりだからわからないよ」と言われた。僕が今回加入するこのクラブは、創設1年目だった。

オーストラリアのスポーツといえば、ラグビーにクリケットが二大人気だ。そこにサッカーの魅力を知ってもらおう、と取り組み始めたのが2004年に創設されたAリーグで、ウエスタン・シドニーはそこに新規参入を決めたばかりだったのだ。

ゼロからスタートできるなんて、いいじゃん。

ある意味で、まっさらな気持ちで、しかも海外でプレーできることに心は弾んだ。


オーストラリアでの経験は、僕のなかでもものすごくポジティブなものとして記憶に残っている。学びが多い時間だった。

10月1日、シドニー空港での出迎えは圧巻だった。詰めかけた大勢のサポーター、そしてメディアの数の多さ……。サポーターは、まだユニフォームすら着ていない僕に、いつ作ったのかわからないけれど、応援歌まで用意して、大声で歌って迎えてくれた。

その後、スタジアムや事務所を見て、契約を済ませた。どうなっていくのか想像もつかなかった。

当時のAリーグは、その発展を目指して「マーキープレイヤー」という制度を設けていた。健全なクラブ経営を促すために導入したサラリーキャップ（給料の総額に制限をかけるもの）の「対象にならない選手を各クラブ1人獲得していい」というものだ。僕はウエスタン・シドニーの「マーキープレイヤー」だった（とはいえまだできたばかりのクラブ。清水にいた頃より給料は下がっていたけれど）。

その「マーキープレイヤー」には、僕以外にユベントスのエースでイタリア代表の顔ともいえた（アレッサンドロ・）デル・ピエロ、イングランド代

©アフロ

Aリーグ参入初年度のクラブを盛り上げ、リーグ優勝を達成した。オーストラリアの人々に深く愛された。

表のストライカー・（エミール・）ヘスキーらビッグネームが揃っていた。リーグとしてサッカーを盛り上げていきたいという気持ちが伝わってきていた。

ウエスタン・シドニーの監督は電話をくれたポポビッチ。サンフレッチェ広島でもプレーをしていた熱い人だった。1年目のクラブだから選手は寄せ集めだ。なのに、彼は最初のミーティングで断言した。

「今年、優勝するから」

「え、いきなり何を言ってるんだ？　できるの？」と思った。そんな簡単にいくわけがない、と……でも、ポポビッチは正しかった。

僕たちはクラブ創設1年目でリーグ優勝を果たした（ただ、プレーオフで負けて最終成績は2位だった）。僕の退団した後の3年目にはアジアチャンピオンズリーグを制覇している。

結果が出るにつれて、チームの雰囲気も、クラブもすべてがどんどん変わっていった。

創設したばかりの頃、スタジアムに訪れるサポーターは、サッカーを観に来ているのか、それともお酒を飲みに来ているのかわからないような状態だった。

それが、強くなっていくのを見るにつれて、真剣になり、そして満員のスタジアムへと変貌していった。

翌年にはクラブハウスができ、今では立派な専用スタジアムがある。

サッカーに熱狂している人たちの姿は、僕に大きな力を与えてくれた。

もっとこのクラブでプレーをしたい。もっと多くの人に喜んでもらって、そして自分もサッカーを楽しみたい。改めてサッカーの魅力を体感する日々だった。

それだけじゃない。

ゼロからスタートしたクラブを経験することで、そこに携わる人たちの熱量を知ることができた。

現在、Jリーグにはとても素晴らしい施設やピッチを持っているクラブも多い。それはJリーグだけではなくて、アマチュアのクラブでも、小中学校の施設だって同じだ。昔に比べて格段と良い環境が日本にはある。

でも、それができる前には、当たり前だけれど「ゼロ」からそこを作ろうとした人たちがいたはずだ。熱い思いを持って、作り上げてきたものが今、「普通」になった。

だから、すべてのことが当たり前ではない、ということに感謝できるようになった。これはとても大事なことだと思っている。


サッカー教室をしていると、ときどきボールに座っている子どもを見かける。実はそれは子どもだけじゃない。プロになった選手でもいる。ときには指導者も。

僕はボールに絶対座らない。

そのボールは安くないし、作ってくれる人たちがいる。何より、ボールは座るものではない。ボールを持っていて当たり前、と思っているとそういうところに思いが至らないんじゃないか、と感じる。

ウエスタン・シドニーで一緒にプレーした選手たちも同じだ。若い選手も多かったし、みんなギラギラしていた。ここから這《は》い上がって、成長して、夢を実現しようと強く願う選手たち。ハングリーで、無心にサッカーに打ち込む彼らを見て、サッカーをやれること自体が当たり前じゃない、と知った。

今ある環境、モノ、人——すべては当たり前じゃない。

誰かが、必死で作ってくれたものなのかもしれない。

ウエスタン・シドニーでの経験は、サッカーだけではなくて、人として、人生において大事なことを再確認させてくれた。

たまにInstagramで見るウエスタン・シドニーは、今でも熱気に溢れている。ゼロから作った人たちの思いが実現したAリーグ。歴史はこうやって作られていくんだ——そこに携われた幸せを感じている。

本音をいえば、もっとウエスタン・シドニーでプレーをしたかった。叶わなかったのは、参画してから2年で一定の条件をクリアしたオーナーを見つけることができなかったからだ。Aリーグは新規クラブに対して2年は経営面の援助をしてくれていた。そのなかで結果と経営体制を作ることが規則だった。

アジアで頭角をあらわしても、オーナーは見つからない。これがオーストラリアサッカーの当時の現実だった。

クラブは「何とかする、残ってほしい」と言ってくれたけれど、時間が足りなかった。

でも、そういうことを含めて、歴史だ。なんでも思い通りにいくことは「当たり前」じゃない。

退団が決まり、ホームでの最終試合のこと。シドニー西部にあるパラマタ・スタジアムには僕の顔を模した大きな大きな横断幕が掲げられていた。

そして前半21分。

突如として花火が打ち上げられた。その数21発。僕の背番号だった。あれほど心が震えるセレモニーは今までも記憶にない。

またいつか、ウエスタン・シドニーのメンバーで集まって語り合いたいし、できることならサッカーがしたい。

2014年／34歳

運命の地、札幌

1年のほどんどをオランダで過ごしていた頃、オフは決まって北海道で自主トレをしていた。

「いいよ、いいよ、伸二くん、置いていておいて」

大丈夫です、自分たちでやりますから。

そう言っても、「いいの、いいの！」と言って、笑顔でユニフォームを持っていってしまう。すみません、ありがとうございます。

あのときの光景が目の前に浮かんだ。

北海道にはいい印象しかない。ウエスタン・シドニーとの契約は、クラブの経営陣次第で、どうなるかは全く見えていなかった。

アッキーが言った言葉を思い出す。

「コンサドーレ札幌からオファーが来ている」

社長のノノさん（野々村芳和《よしかず》）とは、偶然一度会ったことがある。そのとき「伸二、札幌来てよ」って言われたことを覚えていた。まさか、本気だったとは。

1年以上の月日が経って、改めてそう言ってくれるノノさんの思いが嬉しかった。

オランダ時代に自主トレで使っていた合宿地、新さっぽろの北電グラウンド。いつからか、地元のお母さんたちが僕たちのユニフォームを洗ってくれるようになっていた。最初は自分たちで洗濯をしていたのだけど……。

北海道に恩返しをするいい機会かもしれない。

❖

僕のプロサッカーキャリアでもっとも長い時間を過ごしたのが、コンサドーレ札幌だ。

2014年のシーズン途中に入団して、2018シーズンの途中までと、2021年から今日まで。合計7シーズンを過ごしている。

白い恋人パークにあるクラブハウス。甘い匂いのなかでする練習も、1時間ごとに鳴り響く「からくり時計」の音楽も、すっかりと慣れた。音楽は、もう鼻歌でそらんじられる。

僕がウエスタン・シドニーでプレーしていた頃、偶然会ったコンサドーレ札幌の社長・野々村芳和さん、通称ノノさんは「パスサッカーがしたい」「強くしたいのは当然だけれど、それ以上に面白いサッカーがしたい」と言っていた。当時、J2だった札幌は、それ以前からJ1、J2を行ったり来たりするチームだった。何より結果が欲しかったはずだし、それは経営にも大きく影響する。

そんななかでノノさんは魅力的なサッカーを北海道に根づかせたい、と思っていた。確かに、今ならわかる。あの北電グラウンドのお母さんたちのように、北海道の人たちはとても温かい。そしてまだサッカーが十分に浸透しているとはいえなかった。

多くの人たちをワクワクさせるためには「攻撃的なサッカー」が重要だと思ったのかもしれない。

そんなときに、僕に声を掛けてくれたことが嬉しかった。

移籍の報道が出たとき、J2のクラブということで「まだJ1でできる」と言われることも多くあった。でも、それは僕のなかで全く関係なかった。

特に年齢が上がるにつれて、最初に話をくれたチームに思いが傾く。それは、このあと移籍することになるFC琉球のときも同じで、欲しいといち早く言ってくれたクラブには「それに応えたい」という思いが湧く。

加えて、そこで新しい「盛り上がり」を作ることができるかどうかも判断基準だった。

ウエスタン・シドニーで経験したように、ゼロから歴史を作っていく、その土地の人たちが、僕の大好きなサッカーでどんどん笑顔になっていけること。変なたとえだけれど、浦和のようにすでにサッカーが盛んで、多くの人

©アフロ

もっとも長く所属しているのがコンサドーレ札幌だった。引退後もその絆《きずな》は深まっていくであろう。

が楽しんでいるクラブよりも、これからという土地、場所で熱狂を作っていくことに興味が湧いていた。

ノノさんの思い、札幌への感謝、そしていち早く興味を示してくれたクラブと北海道という新しい土地。コンサドーレ札幌への移籍は、そんないろんな要素によって僕の心を揺さぶった。


札幌と過ごした時間は長かった分、たくさんの思い出がある。

契約を発表したのは1月16日。Aリーグは4月に終了するため「仮契約」を結び、6月からチームに合流することになった。そして6月9日に入団会見。そこから1カ月半が経った7月20日の大分トリニータ戦でデビューすることになる。

その日、札幌はすごいことになっていた。試合前日の練習はテレビで生放送されていたし、街中に僕の巨大な垂れ幕が張られた。その日のスポーツ紙には全面広告まで載っていた。試合は引き分けに終わったけれど、オーストラリアに続いて「サッカーが楽しい」と思える環境に感謝しかなかった。

1シーズン目は、これ以降、ケガもあってあまりチームに貢献できなかったし、目標の昇格を果たすこともできず悔いがあった。

2シーズン目には、イナが札幌にやってきた。ベテランといわれる年代になって、タカやイナと同じユニフォームを着ることになろうとは……。やっぱり79年組と一緒にするサッカーは格別だった。

悲願のJ1昇格は2016年の3シーズン目。

13節以来、ずっと首位を走り続け、自動昇格を果たした。股関節のケガなどがあって、この年もなかなかチームの力になれなかったけれど、昇格を決めたときの熱狂にはとても興奮した。

なかでも記憶にあるのが、久々にベンチ入りしたアウェイでのジェフユナイテッド千葉戦だ。

残り2試合となった第41節。首位を走り続けてきた僕たちは、清水エスパルス、松本山雅FCにその差を縮められていた。10月以降、攻守に疲れが見え始め、2勝3敗2分。序盤に溜めた勝ち点差は一気に3にまで縮まっていた。首位転落もありえた千葉戦、前半に先制されるも後半に同点に追いつく。引き分けは昇格圏内にはとどまるものの、最終節の結果次第では一気に逆転される可能性が生まれる難しい状況だった。

アディショナルタイムも5分が過ぎたとき。センターバックの河合竜二さんが大きく蹴り出したボールを、走り込んだ内村圭宏《よしひろ》がダイレクトボレー。劇的な逆転ゴールを決めた。あの興奮、あのスタジアムの雰囲気はすごかった。

札幌に来て以来、いい環境でサッカーをやらせてもらい、北海道の人に「求めてもらって」いるのを感じていた。でもなかなかチームに貢献できない自分にもどかしさがあった。サッカーをやめるタイミングがチラついていたことも確かだ。

でも、このゴールはまだまだサッカーは何があるかわからない、もっと続けてみようと思わせてくれた。

最終節はアウェイでツエーゲン金沢との試合だった。試合に引き分け、昇格が決まった瞬間、何とも言えない幸福な思いが湧きおこっていた。

2017年／38歳

父親業

ご飯はどうするか。稽古は何時からか。

小学5年生と暮らすのは初めてだ。というより子どもと二人で暮らすこと自体が初めてで、何もかもが手探りだった。

ウエスタン・シドニーから移籍して結んだコンサドーレ札幌との契約は2年半。次はどこに行こうか、なんてアッキーと話をしていた。

J1に昇格が決まり、役割を果たした。試合にたくさん出ることはできなかったけれど、次に行くタイミングだった。

昇格を決めたときの札幌の盛り上がりや、チームメイトの姿を見て、「昇格を手助けできるようなチームはないか」と考えることもあった。

そんなとき、次女の里桜《りお》が北海道の劇団四季に合格する。

まさか、と思った。こんな機会、滅多にない。娘と暮らすことなんてほとんどなかった。

アッキーに言った。

札幌との契約、2年くらい延ばせないかな？

僕が初めてアッキーにお願いした「延長」の逆オファーだった。

❖

本を出すんだから本音を書こうと思っている。

コンサドーレ札幌と初めに結んだ契約は2年半だった。6月に移籍していたから、「半」がついている。実質3シーズンの契約だった。

札幌はすごくいい街で、何度も書いているように人が優しく、温かい。勝っても負けても支えてくれたサポーターや、まだサッカーに興味を持っていない人たちに、コンサドーレ札幌を知ってもらいたいという思いが僕のモチベーションのひとつでもあった。

だからJ1昇格を決めて、役に立ったかどうかは別として、区切りなのかな、と考えていた。あの熱狂、あのみんなの喜びは、すごかった。

そして、違う地域で同じような経験を「させてあげたい」。

関東は行った、中部も行った。シドニーも行った。次は、四国かな？

そんなふうに考えて、アッキーにも相談していた。すでにキャリアを終えた同世代の選手も多くなっていた。簡単に選べる立場ではなかったけれど、できるだけ新しい挑戦をしたいと思っていた。

それが一変したのが、娘・里桜の劇団四季入りだった。オーディションに受かった、と聞いたときは「まさか」と耳を疑った。でも、こんなチャンスは滅多にない。

僕が札幌に住んでいる偶然も重なっていた。


小学5年生との二人暮らしが始まった。

学校のこと、食事の用意、送り迎え……今まで自分の人生になかった「やるべきこと」が増えた。子育てをする存在があって僕がサッカーに打ち込めていたことや、千恵子のすごさがよくわかった。

何をするにしても家族、娘が中心。そんな生活は初めてのことだった。

ひとつ問題になったのが、どこでプレーをするか、だった。

札幌にいらないと言われてしまえば、僕が札幌にいる必要はなくなる。娘を支えることができない。四国なんて選択肢はもうありえなかった。

アッキーに、相談した。札幌が契約を延長してくれる可能性はあるか、と。

本当にありがたいことにクラブが快諾してくれた。


サッカーをするのは僕が好きだから。一方で、父親としては、子育てのほとんどすべてを千恵子にまかせっきりにしていた。娘が二人とも健康で、いい子に育ってくれたのは千恵子のおかげだ。

娘二人との女性3人の生活。大変なこともあったと思う。新型コロナウイルス感染症が流行していた頃、家から出られないストレスで、娘がその矛先を母親に向けたのを目にしたことがあった。良くない態度だったから叱ろうとすると、千恵子がまっさきに怒ってくれた。僕が言うことがないくらい、彼女は先回りをして子どもたちを育ててくれていた。

彼女は昔から、物事をはっきりと言うタイプで、その言葉はだいたい正しい。正しいことを指摘されるとムッとするのが僕で、喧嘩《けんか》をすることもあった。でも、彼女が正しいから、あとでそうだよな、って反省をした。

単身赴任生活が続き、物理的な距離ができてそういう喧嘩も減った。

大学生だった千恵子をオランダに連れていったのが僕だ。モデルをやっていて事務所にも入っていたから、本当はやりたいこともあったはず。彼女はオランダに来るときに、その事務所を辞め、一般人としてついてきてくれた。

いろんなことを諦めて、僕と一緒にいてくれた。そして素晴らしい2人の娘を育ててくれた。だから、今はやりたいことをやってほしいし、それを僕がサポートしたいと思っている。

同じようなことは僕の母親にもいえた。よくもまあ、10人も育ててくれた、と。札幌で迎えた子どもと2人の生活は、改めて「母親」のすごさを教えてくれた。だからこそ、父親としての役目を果たす。北海道に残る決断の裏には、新しい僕の一面があった。

2019年／39歳

練習着

駐車場の車のトランクを開け、練習着やスパイクといった荷物をすべて確認する。

時計を見た。練習開始まで2時間半近くある。

身体のケアを含めて練習開始の1時間半前には着きたいから……OK、間に合う。今日は、吉の浦だよな。昨日は、南城で、明日は東風平……明日はもう少し出発が遅くても大丈夫か。毎日変わるトレーニング場。

それも、三方バラバラで、家からもだいたい10キロから20キロ離れた場所にあるから、間違えると戻るのが大変だ。

FC琉球に移籍して、改めて札幌がいかに恵まれたクラブだったかを知った。こんなクラブだからこそ、もっと沖縄のサッカーを盛り上げていきたい――。

❖

FC琉球に移籍したのは、ウエスタン・シドニー、札幌で経験してきた新しいサッカーの喜びが忘れられなかったからだ。

社長の倉林《くらばやし》（啓士郎《けいしろう》）さんは、札幌のノノさんのような人で、「沖縄をサッカー王国にしたい」と熱く説いてくれた。

札幌に移籍し、感じた盛り上がり。ゼロから作っていく喜び。昇格の瞬間の爆発力……。あれをもう一度、再現できる場所はここなのかな、と思った。日本に復帰してからは毎年、沖縄で自主トレをしていたし、単純に大好きな土地でもあった。

札幌はミシャが監督に就任して、より攻撃的なサッカーを志向していた。ミシャは本当に素晴らしい監督で、これまで出会ったなかでも有数の人格者だ。自分なりのサッカー哲学を持っていて、練習を含めてとても楽しい。

就任1年目からいきなりアジアチャンピオンズリーグ出場権内を争うなど、一気にチームをレベルアップさせていた。

僕は、といえばそのなかで「自分にできること」「札幌に僕がいる価値」を見出《みいだ》しづらくなっていた。ミシャのサッカーが素晴らしいものであったからこそ、僕のようなタイプの選手がいるのは「やりづらい」のではないか、と。

娘との二人暮らしは1年間まっとうし、終わった。

そんなとき、声を掛けてくれたのがFC琉球だった。

運命かもな、と思った。実はFC琉球が創設されたとき、本当に少しだけれど寄付をしていた。キヨショウ時代のキャプテン松原さんがいたからだ。16年の月日を経て、そんなクラブからオファーが来る。

北海道の次は沖縄、いいかもしれない。

倉林さんのクラブについてのビジョンなども具体的で、面白かった。ここなら、ワクワクできそうだ、そう思った。

実際のFC琉球での日々は、なかなか大変だった（笑）。

それは悪い意味ではなくて、Ｊ２のクラブがいかに難しい環境で練習をしているのか、Ｊ１を経験したことがあった札幌がどれだけ恵まれていたのかを肌で感じた。

クラブハウスはなく、毎回練習する場所が違った。練習着を持って帰り、自分で洗って持っていく。当然、それ以外の道具も同じだった。練習が始まる前にはチームメイトと一緒にグラウンド作りをして、最後は片づけもする。プロになって当たり前にあると思っていたモノが当たり前ではないと知った。

こうやってことあるごとに、その事実を見て、知り、体験することは、人への感謝の気持ちを深めてくれた。

「沖縄をサッカー王国にする」のであれば、少しずつみんなが意識を変える必要もあった。会社のトップだけがそれを目指すのではなく、スタッフも選手も小さいところからでいいから、その思いを本気で共有する。そういう小さな思いの積み重ねが大きなものになっていく。

ＦＣ琉球にいる間、その思いだけは持ち続けていた。

僕が初めて琉球のピッチに立ったとき、1万2019人がスタジアムに来てくれた。これは、クラブ史上最高で、それまでの1・5倍だったと聞いた。沖縄の人は応援してくれている。この思いを胸に、前進していけばきっと「サッカー王国」になれるはずだ。

残念ながら、J1に上げることはできなかったし、1年半という短い期間しかいることはできなかったけれど、そうやって頑張っている人たちの思いは忘れないでいたい。

2022年、FC琉球にとって念願だったクラブハウスと専用の練習場ができた。八重瀬《やえせ》町東風平。長い時間がかかったけれど、それが大事だと思う。人の思いがあって、言葉が変わり、意識が変わり、ちょっとずつでも進んでいく。結果が出れば、それだけ多くの人を巻き込むことができる。

僕はサッカー人生を通してその素晴らしさを知っている。

FC琉球を退団した僕は、再び、札幌に戻ることにした。

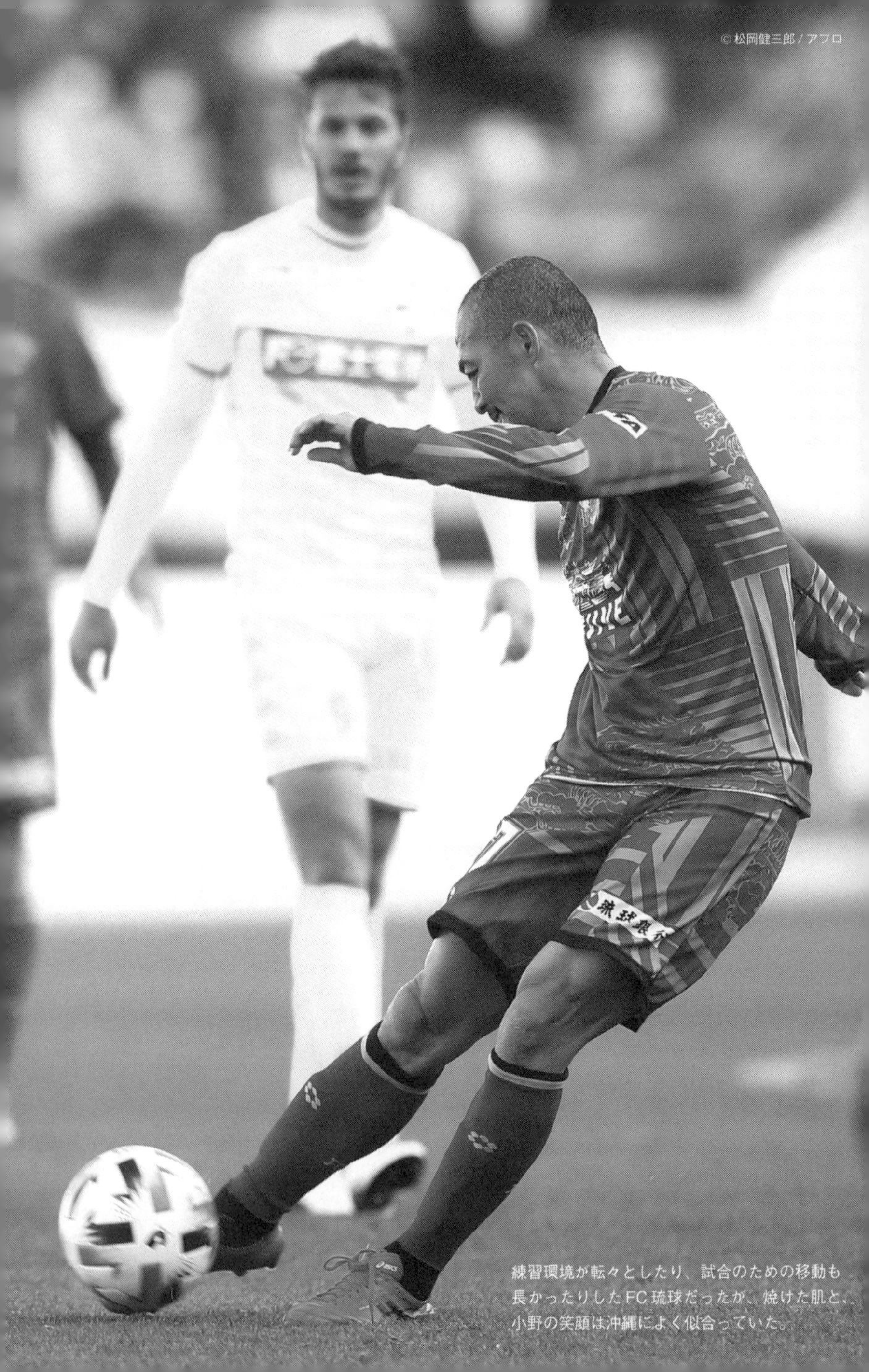

練習環境が転々としたり、試合のための移動も長かったりしたFC琉球だったが、焼けた肌と、小野の笑顔は沖縄によく似合っていた。

なかなか試合で貢献できない僕を、また必要としてくれた札幌にはただただ感謝しかない。

しかし、どういう顔をして帰ればいいのか、とちょっと不安もあった。

僕が琉球へ移籍する、となったとき多くのサポーターが練習場に足を運んでくれた。白い恋人パークに、今までに見たこともない数の人が、連日来てくれた。

加えて、退団前の最終戦、ホーム・浦和レッズ戦では、僕を気持ち良く送り出してくれた。

この日の試合前には、札幌時代にもっともお世話になり、札幌のレジェンドともいえる、前年に引退した河合竜二さんの引退試合が予定されていた。

河合さんは僕がプロ入りしたばかりの頃のレッズで初めて一緒にプレーし、15年近いときを経て、札幌でも一緒になった。なんでも話せる兄貴分で、すごくお世話になった人のひとり。満員のスタジアムは河合さんへの札幌サポーターの思いだったのだろう。

顔馴染みもたくさんいて、すごくいい雰囲気で終わった引退試合。その後の浦和との試合は、1対1で痛み分け。

いろいろあったそんな特別な日に、ミシャは退団する僕のためにピッチ上で花束を渡してくれた。そして、スタジアムに掲げられた横断幕。

「ホンモノのフットボールを見せてくれてありがとう」

感謝するのは僕のほうなのに。札幌は、僕の退団を恨むことなく、心から温かく送り出してくれていた。


——それなのに、僕は2年で戻る。

ちょっと反応が不安だった。

札幌は通例、新しい選手の発表を前年のクリスマス・イヴに行っている。来シーズンへのプレゼント、という意味がこもっているらしい。

幼少時代、サンタが来なかった僕は、ワクワクしていいな、と思っていた。

そして2020年の12月24日、僕の札幌加入の発表——はなかった。

なんと、今度はもっとスペシャルなお年玉だというのだ。

本当に不安だった（笑）。

でも、やっぱり北海道の人は温かった。

「戻ってきてくれてありがとう」

その言葉に、僕はどれだけ救われたか。

札幌でサッカーができたことに心から感謝している。

about SHINJI from

河合竜二

パーソナリティが素晴らしい男

1978年生まれ。東京都出身。元プロサッカー選手。
1997年から2002年まで浦和レッズに所属し、その後トライアウトを経て横浜F・マリノスへ。2011年に北海道コンサドーレ札幌へ移籍。2019年に現役引退。現在はC.R.C（コンサドーレ・リレーションズチーム・キャプテン）として活動している。

ひとつ、根に持っていることがあるんですよね、伸二に対して。2011年だったと思うんですけれど、電話してこなかったんです。僕の誕生日に……。

それは、冗談で、伸二は僕にとって仲間で、きっと伸二もそう思ってくれていたんじゃないかなと思います。食事をしていても、くだらない話をして、何も気を遣わず話せる。伸二って、天才といわれていて、そのキャリアも華々しいから、どこか壁を「作られちゃう」存在だった。チームメイトにしても「小野さん」という感じで、「伸二！」とはなりづらい。

そんななかで、僕は年齢はひとつ上ですけれど、仲間として楽な人間だったんじゃないかな、と。僕自身も「仲間」だから全く気を遣うことがなくて、一緒にいるのが何より楽しい存在でした。

みんな言っていると思うんですけれど、本当によく周りが見えているし、やさしいやつです。僕と初めて一緒になったのが浦和レッズのとき。僕が１９９７年にレッズに入団して、翌年に伸二が入ってきました。

彼はすぐに主力選手になり、僕はほとんど試合に出られなかった。その後、伸二がフェイエノールトに移籍した翌々年に僕は横浜Ｆ・マリノスに移籍します。そこから、毎年、１回電話が来るんです、誕生日に。

7月14日に「通知不可能」で携帯が鳴ると、「伸二だ」ってわかります。何か深い話をするわけじゃないんです、10分とか20分近況を報告するだけ。メールで一言「おめでとうございます」でもいいのに、わざわざ電話をしてくるところが本当に伸二らしい。だから、２０１１年だけは……（笑）。

電話がいらなくなったのが、２０１４年から。伸二が僕が所属していたコンサドーレ札幌に移籍してきたときです。伸二が来るかもしれない、というのは社長の野々村さんから聞いていました。

「今、伸二を口説いているから、竜二からもプッシュしてほしい」と相談を受けていて……でも、僕から連絡はしづらかった。

小野伸二という偉大な選手のキャリアを考えたとき、当時J2だったコンサドーレ札幌に来ることが本当に正しいのか、悩んだからです。

携帯が「通知不可能」で鳴ったのはそんなときでした。「オファーをもらっている」という相談で、でも今思えば、彼のなかで心は決まっていたのだと思うのですが——いろいろ話をしたのを覚えています。

電話で僕は、いいことも、悪いことも全部話しました。書いたように、小野伸二がJ2に来る、というのは僕のなかでそのくらい大事なことだったからです。

コンサドーレ札幌はすごくいいクラブです。サポーターがすごく熱いし、若い、有望な選手も多い。だからすごく来てほしい。でも、まだまだ小さい……包み隠さず話しました。その上で、伸二が来ることが決まったのは本当に嬉しかったです。一緒にウォーミングアップをして、ピッチに立って……代えがたい時間を経験させてもらえました。

レジェンド小野にとって、「一番話しているかもしれない」と話すのが河合氏だった。

よく覚えているのは、彼のコンサドーレでの初ゴールです。東京ヴェルディ戦で、ゴールが決まった瞬間に僕の胸に飛び込んできてくれた。

僕はディフェンダーでしたから、守備についてはいろいろとピッチ上の選手とコミュニケーションを取ります。そのなかで、伸二のポジションについても、細かく指示しました。

「ポジションはそこ！」「ここ、守って！」「左後ろ、見えてる？」

あるとき、伸二が僕に言ったんです。

「初めて言われた、守備のこと」

だから冗談交じりで返しました。

「伸二は、守備できないからな」って（笑）。

でも、僕ら守備の人間からすると、伸二の立ち位置によって、僕らの立ち位置が変わってしまう。だから、言わないといけない。うまい選手とかだと、そう言われても言うこと聞いてくれなさそうじゃないですか。でも伸二は聞いてくれるんです。

この数年は札幌で役回りも変わって難しい時間ではあったと思います。試合で活躍したい思いはあっても、なかなか出番が来ない。ケガも大変そうでした。足首や神経がやられて、本当に痛そうでした。2022年の春だったか、「もう引退するかな」ってポロッと漏らしたこともあった。

そんな苦しいなかでも、僕らからすると小野伸二がチームにいる意味ってあるんですよ。普段の練習から全力で取り組んで、そこで一流の技術を見せてくれる。若手からすれば、こんなに贅沢で学びが多いことはない。

あ、あと、伸二が紹介してくれる人って全員、いいやつっていうのも覚えているな。いろんなチームの選手を食事するときに呼んでくれたけれど、みんな人間性が素晴らしい。それって伸二の人間性の素晴らしさが引き寄せているんだろうな、って思いますね。

2023年／44歳

引退

予約したお店までゆっくりと歩いた。

ヒラが来たのは昨日。

S級ライセンスを取るために必要な実習を、コンサドーレ札幌で行うために、1週間ほど滞在する。その間に寝泊まりするのは僕の家だ。

30分も歩けば、到着する。その間、札幌の観光名所にちょっと寄るなどして、いろいろなことを話した。そして、伝えた。

「今年で、やめるわ」

びっくりはしていたようだったけれど、それは急にその話をしたからかもしれない。

引退を決めたのはシーズン前だった。

手術した足の痛みが引かず、さすがにこれは無理だな、と思った。

発表は9月に、12月3日の最終節が最後、とアッキーがいろんなことを進めてくれていた。

その間、タカが、モトが、引退を発表した。

偶然ってあるんだなって思った。

やめることを決めて、これからのことに思いを馳せることも増えたし、過去を振り返ることも増えた。

この本がそうであるように。

決して僕のような人生を送ってほしい、とか、僕のように考えたらうまくいく、なんて思わない。むしろ、僕みたいな人生は送らないほうがいい。結構、大変だから。

昔と今ではサッカーも、社会も大きく変わった。

昔が良かったとも、今がいいとも思わない。

それは人それぞれだと思う。

ただ、どんなときでも言葉によって救われることっていうのはあると思う。

僕の過ごしたサッカー人生が、こうやって本として残ることで、少しでも力になれれば嬉しいな、と思う。


何度も言ってきたようにサッカーが大好きだ。今でもグラウンドに行くのが楽しみで仕方がない。

じゃあ、サッカーの何がそんなに好きなのか、といえば、人に喜んでもらえること、感謝ができること、そういったすごくシンプルな答えになる。

ただ、考えてみるとひとつ、好きなプレーがあることに思い至った。

ゴール？

違う。

アシスト？

それも違う。

僕の言葉では、「アシストのアシスト」だ。

ゴールを決めた選手の前には、それをアシストした選手がいる。でも、そのひとつ前にも選手がいる。アシストにつながる——例えば、パスといった——プレーをした選手。それは一瞬で、ピッチ全体の局面を変える。

僕が好きなのはその、一瞬で局面を変えるプレー、アシストのアシストだった。テレビや結果を見ているだけではわからない。でも、スタジアムにいる人は、そこで一瞬、息を呑んでいるはずだ。そのプレーが出た瞬間に、「おおっ！」と何か予感がして、ゴールの期待を抱いている。

結局、何がどこに影響してゴールや勝利が生まれているかは「見た目」だけではわからない。

サッカーは攻撃的な選手が注目されがちだ。それは勝利に直結するプレーが「見えやすい」というだけの話だと思う。

例えば1対0で勝った試合で、得点した選手は確かに素晴らしい。でも、見えないけれど、無失点に抑えたゴールキーパーがいて、ディフェンス陣がいる。そういう選手たちの存在もあって、最終的に結果が生まれていることを忘れてはいけないと思う。

だから、この本を読んで、僕の人生を知ったことで直接、何か結果が出たり、役に立ったりすることはない。でも、どこかでつながるきっかけにはなるかもしれない。今まで話してこなかったこと、小野伸二というサッカー選手の「光」だけじゃなく「影」の部分まで、できる限りさらけ出したのは、そういう思いからだ。


ヒラとは何度も食事をした。

今日もこれまでと変わらない食事だ。

これからもそんな時間はたくさんある。

でも、せっかく札幌まで来てくれたんだから、しっかりとヒラが楽しめるような時間にしたい、と思っている。あのお店の料理、うまいから大丈夫だと思うけれど――。

おわりに

引退を発表したのは誕生日。

２０２３年9月27日、44歳。

39年続けたサッカーにひと区切りをつける。書いたように、シーズン前には決めていたから「発表」に特別な思いはなかった。

でも、発表した後の反応にはさすがにびっくりした。ＬＩＮＥの通知が止まらない。Instagramのメッセージは２０００件を超え、テレビや新聞でも報道されていたと聞いた。

39年もプレーして、目に見える記録はない。高校時代は花形の大会である選手権に出ていないし、プロで、日本代表で人より多くゴールを決めたわけでもない。そんな僕の引退に多くの人が反応してくれて、言葉をくれた。その事実が、人を楽しませたいと思ってプレーしてきた僕にとって一番の喜びだった。記録より記憶を——月並みだけど、目指していたプレイヤーになれたのかもしれない。

引退して、何をするか。

ひとつだけ決めているのは「サッカーの楽しさを子どもたちに伝え続けたい」ということ。

伝え方はふたつ。

まず「一緒に楽しむ」こと。目の前でボールを蹴って、試合をして、同じピッチで体感してもらう。

もうひとつが「言葉」。『一生懸命やろう！　今この時を……』。僕が通っていた今沢サッカースポーツ少年団のスローガンだ。当時は、特になんにも感じなかったけれど、今、この言葉の持つ意味がすごくよくわかるようになった。

これまで当たり前だと思っていた環境、プレーは当たり前じゃない。引退した僕は大観衆のスタジアムで真剣勝負はできないし、ケガがあってやりたいプレーも再現できなくなった。それが「できる時間」はすごく大事だった、と振り返って思う。

だからこそ、「今」を大事に「一生懸命」に取り組んでほしい。

言葉でしか伝えることができないけれど、僕の経験からそんなことを多くの子どもたちに伝えられたら嬉しいな、と思っている。

伝道師のように、日本中を回ってみたいし、オランダやドイツ、シドニーなんかに行ってもいい。

本を読んでくれているみんなにも、サッカーに限らず、自分のやりたいこと、やれることが「今、目の前にある」はず。それは、決して当たり前じゃない。できればそれを楽しんでやる——とは言いながら、もちろん、いいことばかりじゃないから、とても難しいんだけど——。僕の言葉が少しでも、みんなの心を軽くし、背中を押していたら、こんなに嬉しいことはない。


GIFTED——天賦の才能。それが本当にあるのか、僕にはわからない。

人と違う視野、人と違うキック、人と違うトラップ……それは、努力の賜物か、僕だからできたのか。僕自身は、持って生まれたものだと思ったことはない。

何より、僕が「人と違う技術」を持っていたとしても、僕にはない技術、能力、体力を備えた選手をたくさん見てきた。彼らに負けたくない、と練習を続けた。それを助けてくれる人がたくさんいた。

もし何か与えられたものがあったとしたら。

それは、やっぱり「人」なんだと思う。出会いを与えられ、そこにチャンスが生まれ、今の僕がある。そのことだけは決して忘れないでいようと思う。

最後に、どうしても書き記しておきたい。

引退を発表し、残りのシーズンに向けて北海道コンサドーレ札幌の選手として戦う準備をし、またこうして本を書かせてもらうなど、伝えたいことを整理しているさなかの10月17日、12時15分。

母・榮子《えいこ》が79歳で他界した。

「プロサッカー選手になる」と決めたのは母の手術痕を見たとき。

そのプロ選手を引退すると決めた年に母は逝った。

運命だったのかもしれない。

ただ、これを書いている今でさえ、信じることができないでいる。

亡くなる2週間前に顔を合わせていた。そのときの姿と現実が一致しない。母は長年透析を続けていた。苦しかったと思う。手が黒ずみ、痛みもあったはずだ。でも、僕の前で苦しむ姿を見せることは一度もなかった。いつだって「大丈夫」と言い、僕の身体を心配してくれていた。

「もしかしたら危ないかもしれない」。弟からその連絡を受け取り、すぐに飛行機のチケットを手配し、新千歳空港から静岡へと向かった。でも間に合わなかった。あとから聞いた話だ。飛行機に乗る前、病室の母に電話越しに声を掛けた。「今行くから、待っててね」。答えはなかったけれど、母の心拍数が一気に上がったらしい。そして、そのまま息を引き取った。

母は、僕の前で病気のつらさを見せなかったけれど、実際は相当大変だったという。苦しみ、落ち込むこともあったらしい。僕にだけ、その姿を見せなかった。

兄たちは言った。

「伸二に苦しむ姿を見せたくないから、伸二が来る前に逝ったんだよ」

思い出す姿は、あの沼津の狭い家で洗濯をする背中だ。子ども10人分の服やタオルを、しかも二層式洗濯機で洗う。重たかっただろうに……。

当時、僕が嫌だと感じていた、洗濯物で埋まった隙間のないベランダは母の強さの証《あかし》だった。

そして最後まで、その強さを貫いた。

そんな母に、本書の最後の言葉をささげたい。

いつでも戻ってきていいからね、ありがとう。

小野伸二

プロデュース	秋山祐輔（SARCLE）
デザイン	山本知香子
	小林幸乃（山本デザイン）
写真	操上和美
スタイリング	鈴木肇
編集	二本柳陵介
編集協力	黒田俊
編集アシスタント	近藤うらら

衣装協力　PT TORINO/PT JAPAN（☎ 03-5485-0058）

小野伸二

1979年9月27日生まれ、静岡県沼津市出身。
10人きょうだいで、6番目の子（五男）。
幼少の頃からサッカーを始めた。
13歳のときにU－16日本代表に初選出。
1998年に、清水商業高校から浦和レッズに入団し、
同年のフランスワールドカップに
日本代表史上最年少で出場を果たす。
2001年にはオランダのフェイエノールトへ移籍。
同年UEFAカップ優勝を果たす。2005年まで在籍。
その後は、浦和レッズ（復帰）、ドイツのVfLボーフム、
清水エスパルス、オーストラリアの
ウエスタン・シドニー・ワンダラーズFC、
北海道コンサドーレ札幌、FC琉球でプレーしたあと、
北海道コンサドーレ札幌に復帰した。
日本代表としては56キャップ。
フランス、日韓、ドイツと3度のワールドカップに出場した。
FIFA世界大会、UEFAクラブ国際大会のすべてに
出場した唯一の日本人選手でもある。
卓越したテクニックでサポーターのみならず、
多くのプロサッカー選手に影響を与えた
日本サッカー界のレジェンド。
プライベートでは2女の父でもある。
Instagram @ shinjiono7

GIFTED

2023年11月30日　第1刷発行
2024年 7 月25日　第3刷発行

著　者　小野伸二
発行人　見城 徹
編集人　舘野晴彦
編集者　二本柳陵介

発行所　株式会社 幻冬舎
〒151-0051 東京都渋谷区千駄ヶ谷4-9-7
電話：03(5411)6445（編集）
　　　03(5411)6222（営業）
公式HP：https://www.gentosha.co.jp/

印刷・製本所　中央精版印刷株式会社

検印廃止

Printed in Japan
ISBN978-4-344-04208-7 C0095

この本に関するご意見・ご感想は、
下記アンケートフォームからお寄せください。
https://www.gentosha.co.jp/e/